¡Qué mala es la gente!

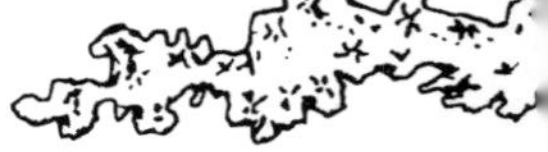

¡Qué mala es la gente!

QUINO

Lumen

Papel certificado por el Forest Stewardship Council®

MIXTO
Papel procedente de
fuentes responsables
FSC® C117695
FSC
www.fsc.org

Penguin
Random House
Grupo Editorial

Primera edición con este formato: julio de 2022

© 1997, sucesores de Joaquín Salvador Lavado (Quino)
Reservados los derechos exclusivos en lengua castellana para España
© 2001, 2022, Penguin Random House Grupo Editorial, S. A. U.
Travessera de Gràcia, 47-49. 08021 Barcelona

Printed in Spain – Impreso en España

ISBN: 978-84-264-2381-8
Depósito legal: B-9.673-2022

Compuesto en M. I. Maquetación, S. L.
Impreso en Limpergraf, S. L. (Barberà del Vallès, Barcelona)

H 4 2 3 8 1 8

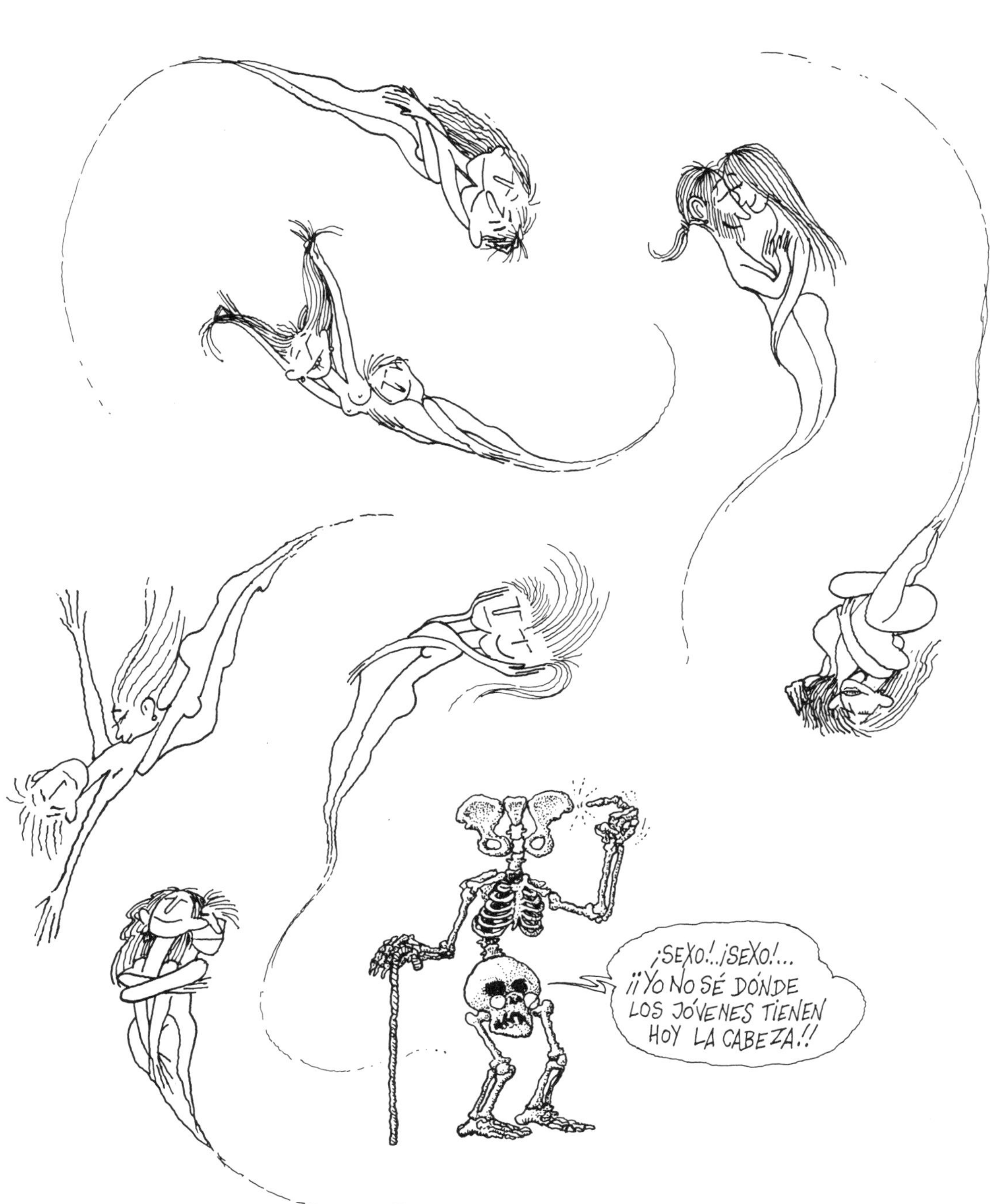
¡SEXO!..¡SEXO!...
¡¡YO NO SÉ DÓNDE
LOS JÓVENES TIENEN
HOY LA CABEZA!!

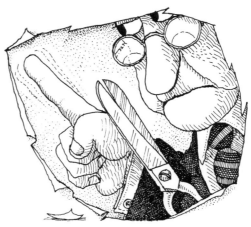

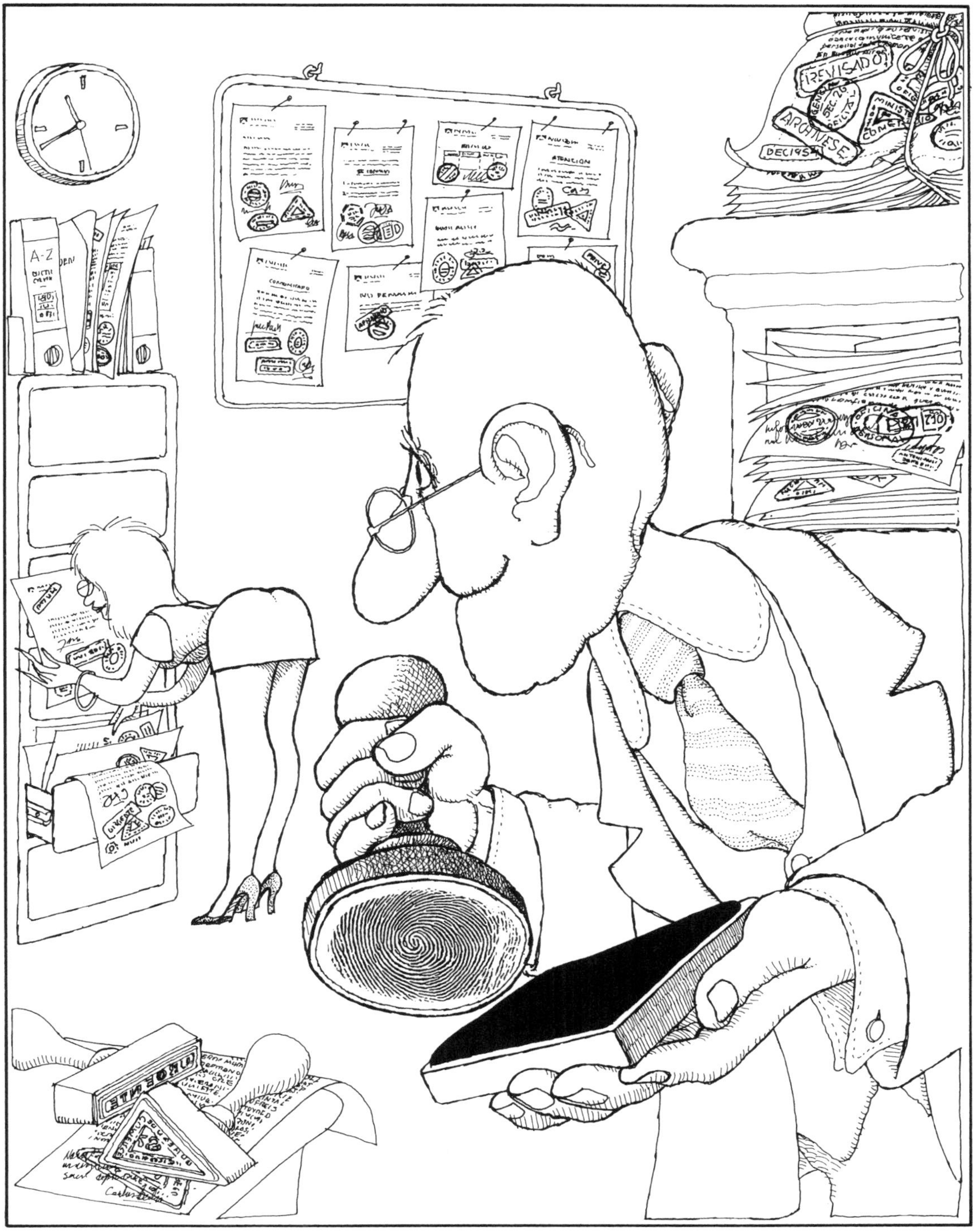
REVISADO
ARCHIVESE
ATENCION
A-Z

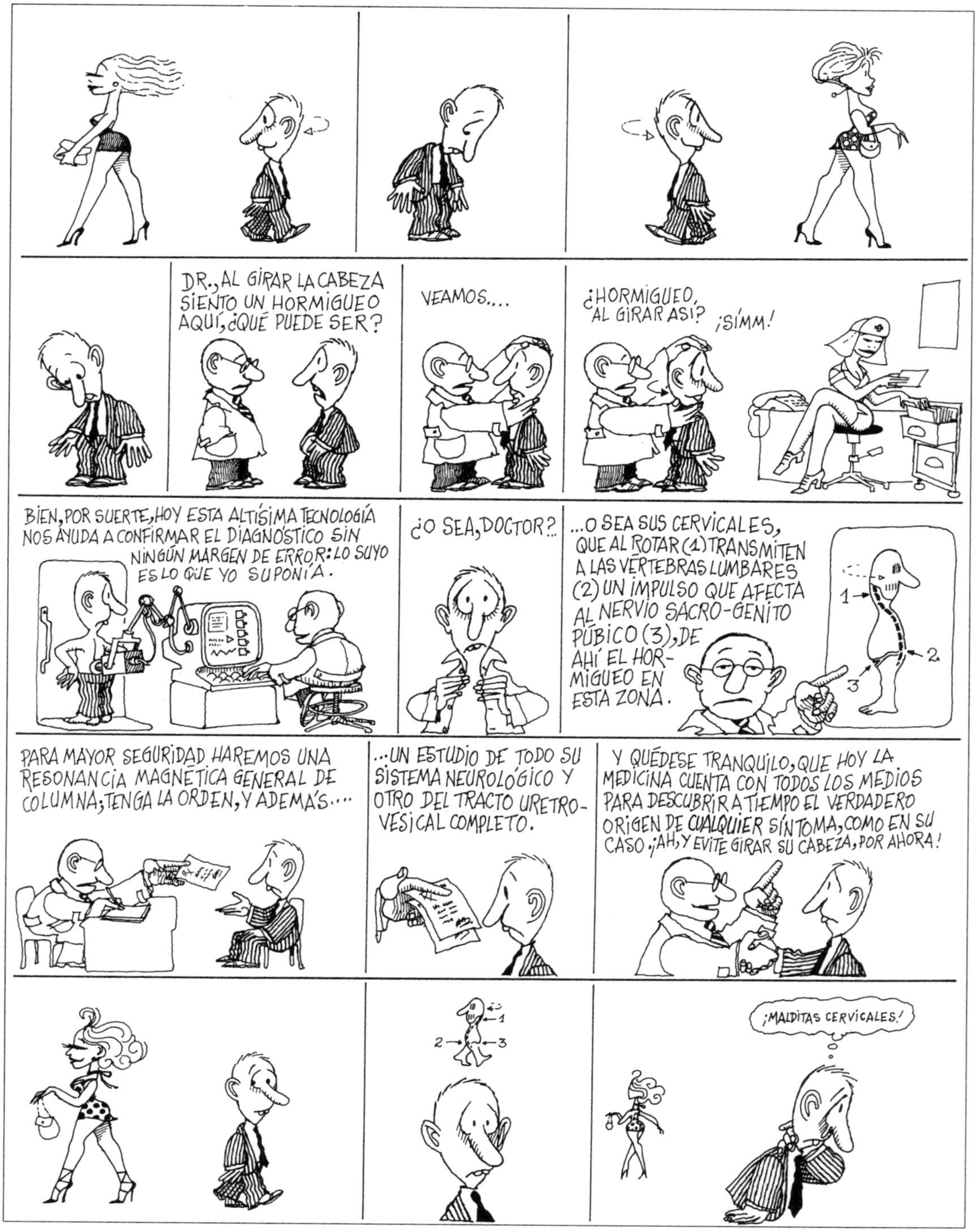
DR., AL GIRAR LA CABEZA SIENTO UN HORMIGUEO AQUÍ, ¿QUÉ PUEDE SER?
VEAMOS....
¿HORMIGUEO, AL GIRAR ASÍ?
¡SÍMM!
BIEN, POR SUERTE, HOY ESTA ALTÍSIMA TECNOLOGÍA NOS AYUDA A CONFIRMAR EL DIAGNÓSTICO SIN NINGÚN MARGEN DE ERROR: LO SUYO ES LO QUE YO SUPONÍA.
¿O SEA, DOCTOR?
...O SEA SUS CERVICALES, QUE AL ROTAR (1) TRANSMITEN A LAS VÉRTEBRAS LUMBARES (2) UN IMPULSO QUE AFECTA AL NERVIO SACRO-GENITO PÚBICO (3), DE AHÍ EL HORMIGUEO EN ESTA ZONA.
1
2
3
PARA MAYOR SEGURIDAD HAREMOS UNA RESONANCIA MAGNÉTICA GENERAL DE COLUMNA; TENGA LA ORDEN, Y ADEMÁS....
...UN ESTUDIO DE TODO SU SISTEMA NEUROLÓGICO Y OTRO DEL TRACTO URETRO-VESICAL COMPLETO.
Y QUÉDESE TRANQUILO, QUE HOY LA MEDICINA CUENTA CON TODOS LOS MEDIOS PARA DESCUBRIR A TIEMPO EL VERDADERO ORIGEN DE CUALQUIER SÍNTOMA, COMO EN SU CASO ¡AH, Y EVITE GIRAR SU CABEZA, POR AHORA!
1
2
3
¡MALDITAS CERVICALES!

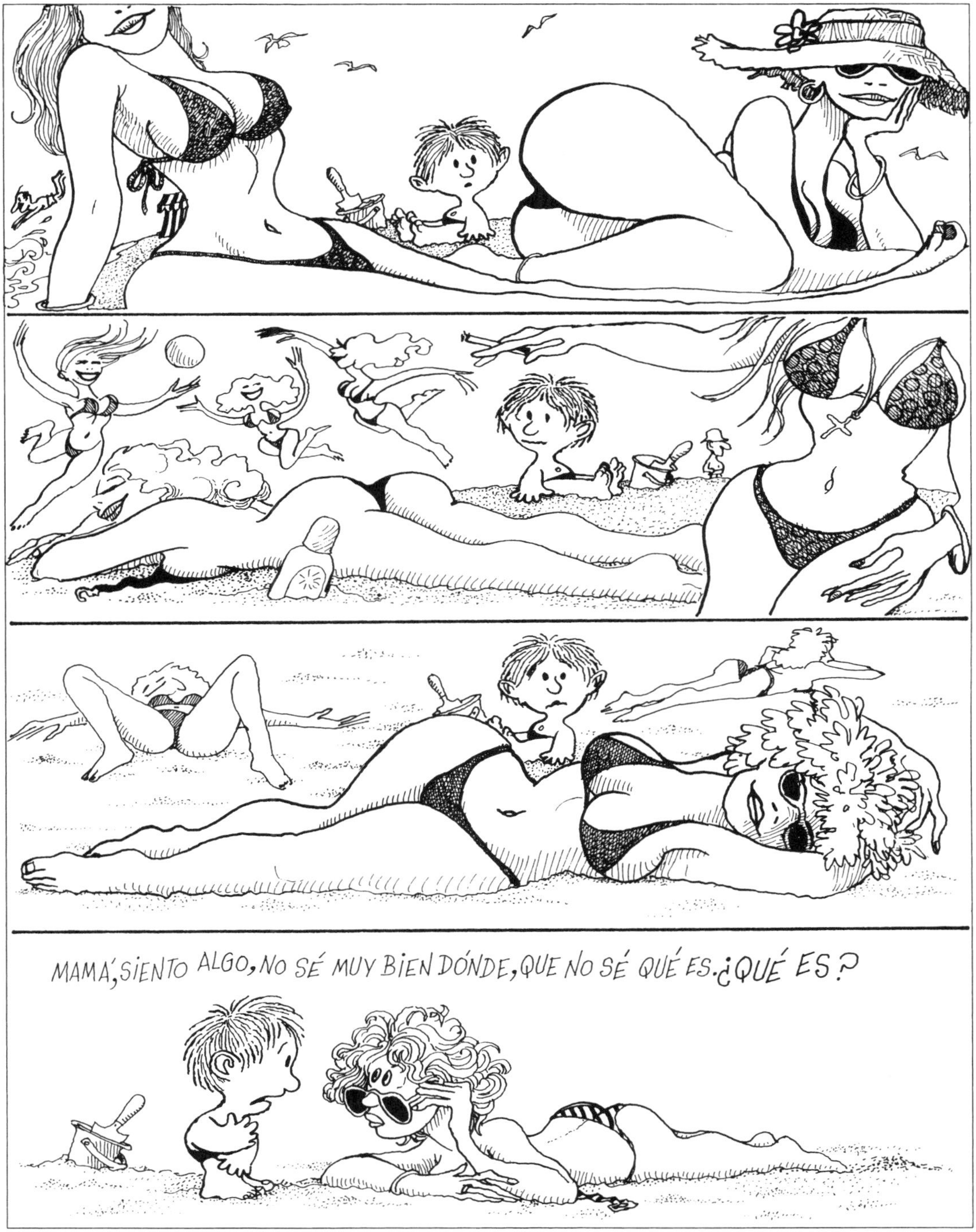
MAMÁ, SIENTO ALGO, NO SÉ MUY BIEN DÓNDE, QUE NO SÉ QUÉ ES. ¿QUÉ ES?

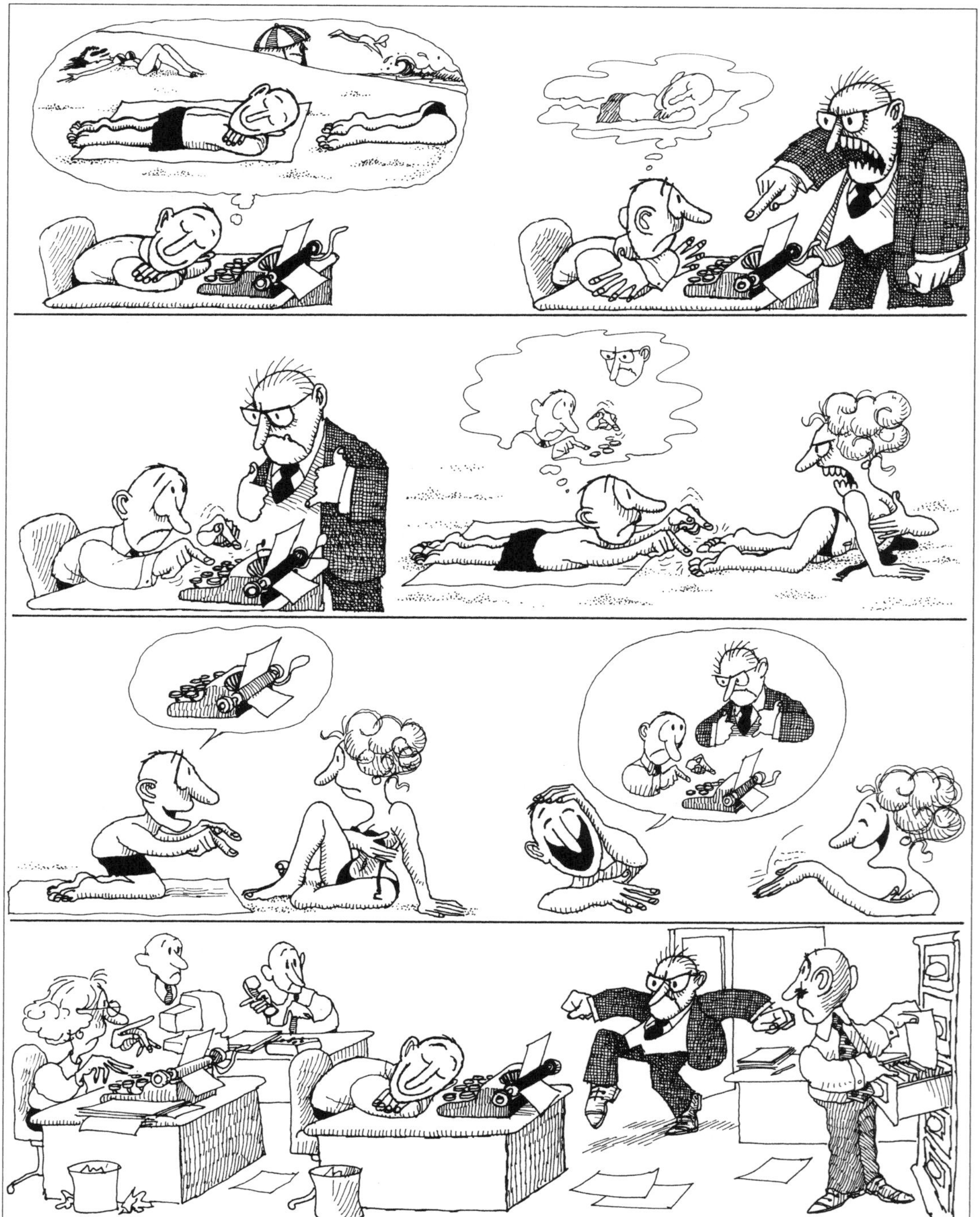

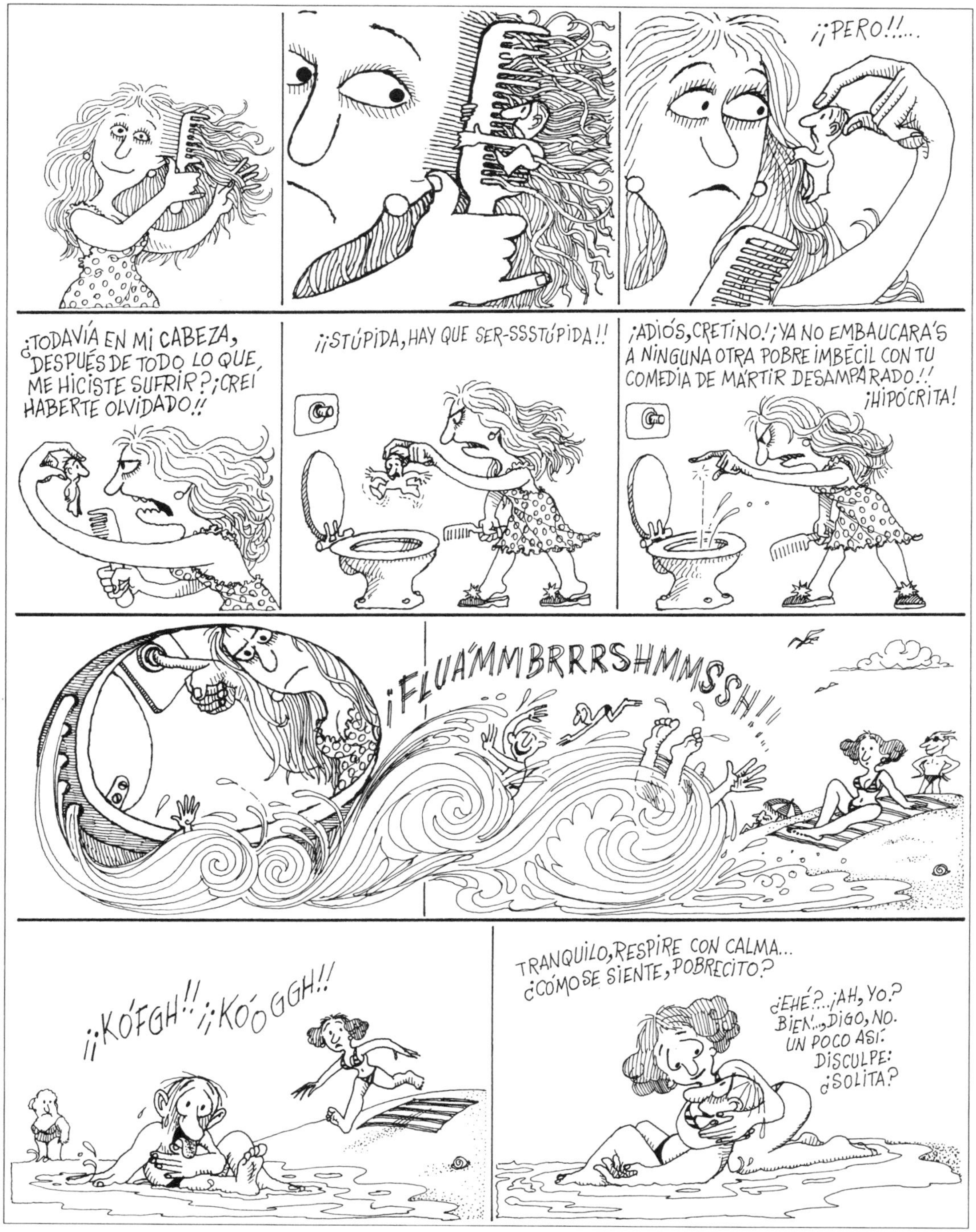
¡¡PERO!!...
¿TODAVÍA EN MI CABEZA, DESPUÉS DE TODO LO QUE ME HICISTE SUFRIR? ¡CREÍ HABERTE OLVIDADO!!
¡¡STÚPIDA, HAY QUE SER-SSSTÚPIDA!!
¡ADIÓS, CRETINO! ¡YA NO EMBAUCARÁS A NINGUNA OTRA POBRE IMBÉCIL CON TU COMEDIA DE MÁRTIR DESAMPARADO!!
¡HIPÓCRITA!
¡FLUÁMMBRRRSHMMSSH!!
¡¡KÓFGH!! ¡¡KÓOGGH!!
TRANQUILO, RESPIRE CON CALMA... ¿CÓMO SE SIENTE, POBRECITO?
¿EHÉ?... ¡AH, YO? BIEN..., DIGO, NO. UN POCO ASÍ. DISCULPE: ¿SOLITA?

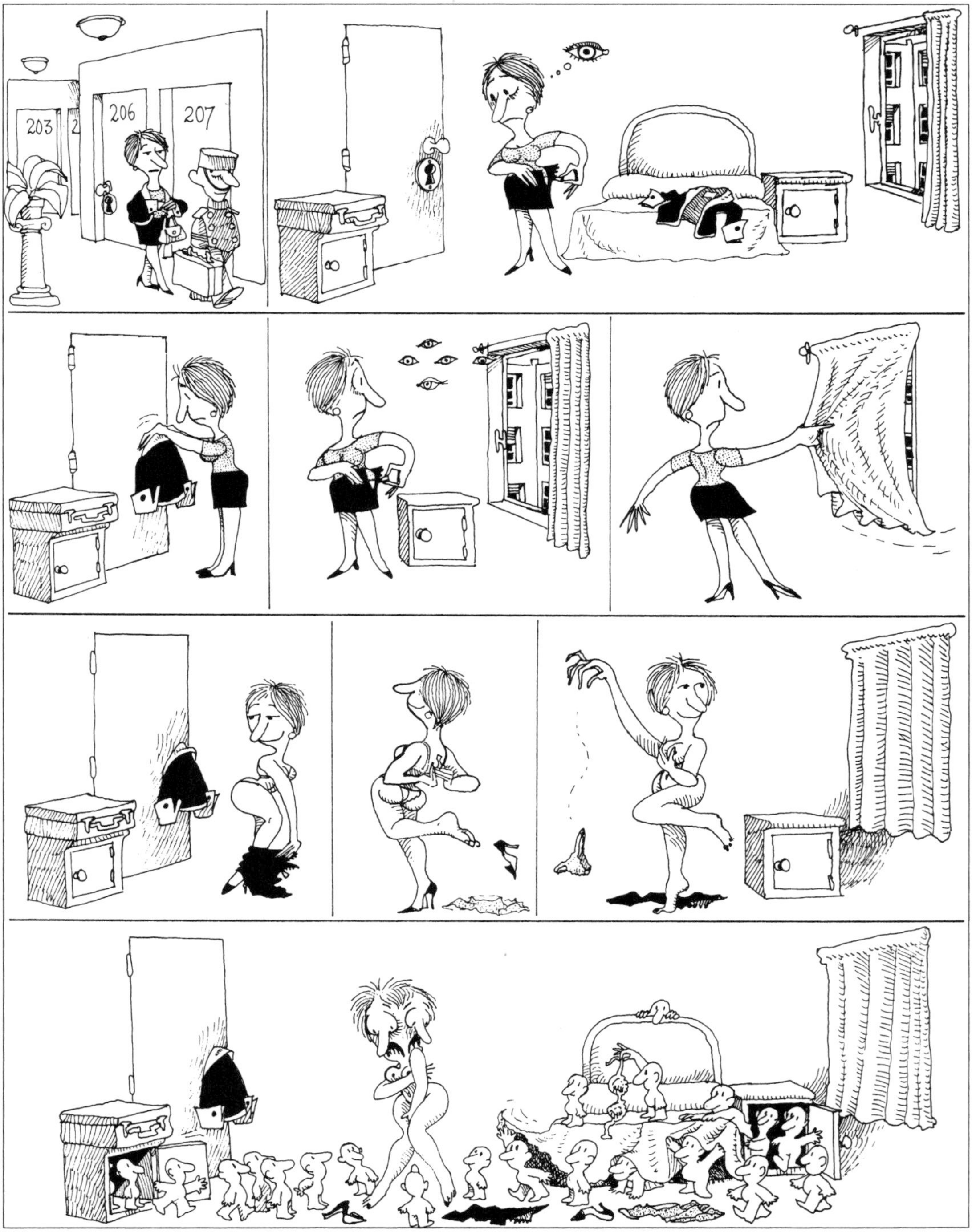
203
206
207

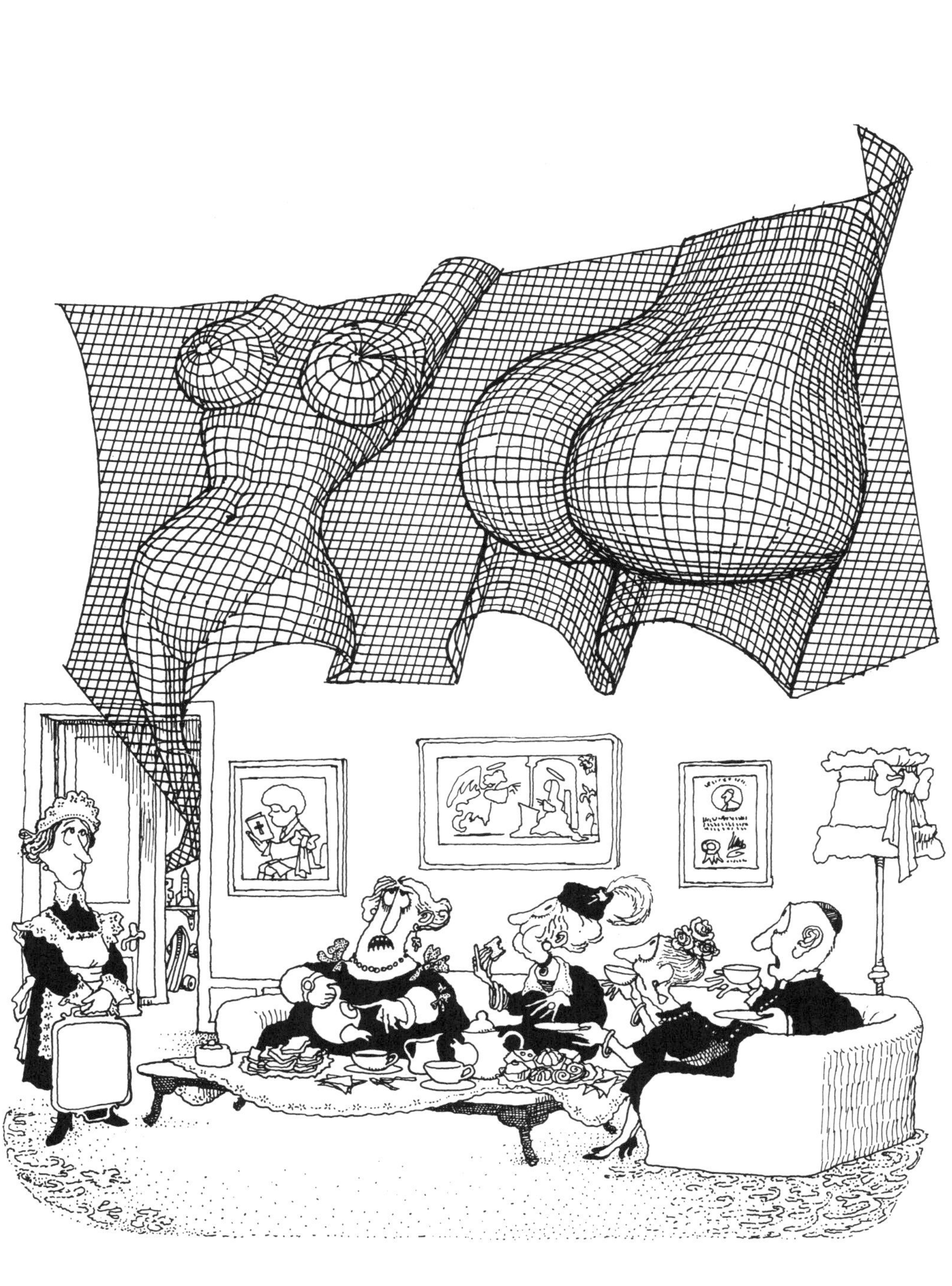

—¡¡¡OTTTTRA VEZ EL ABUELO CON LA COMPUTADORA DE RICARDITO!!!!.....

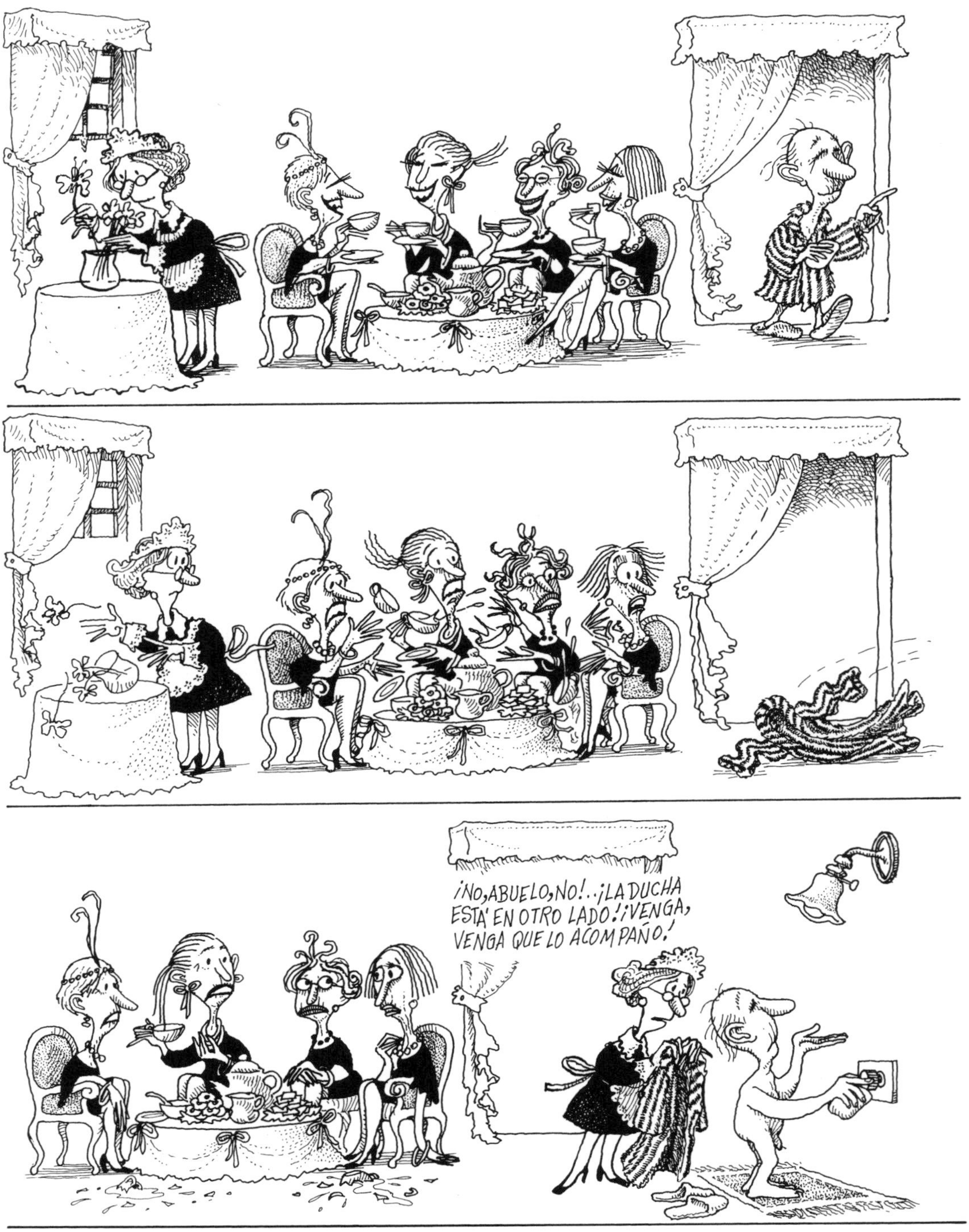
¡NO, ABUELO, NO!.. ¡LA DUCHA ESTÁ EN OTRO LADO! ¡VENGA, VENGA QUE LO ACOMPAÑO!

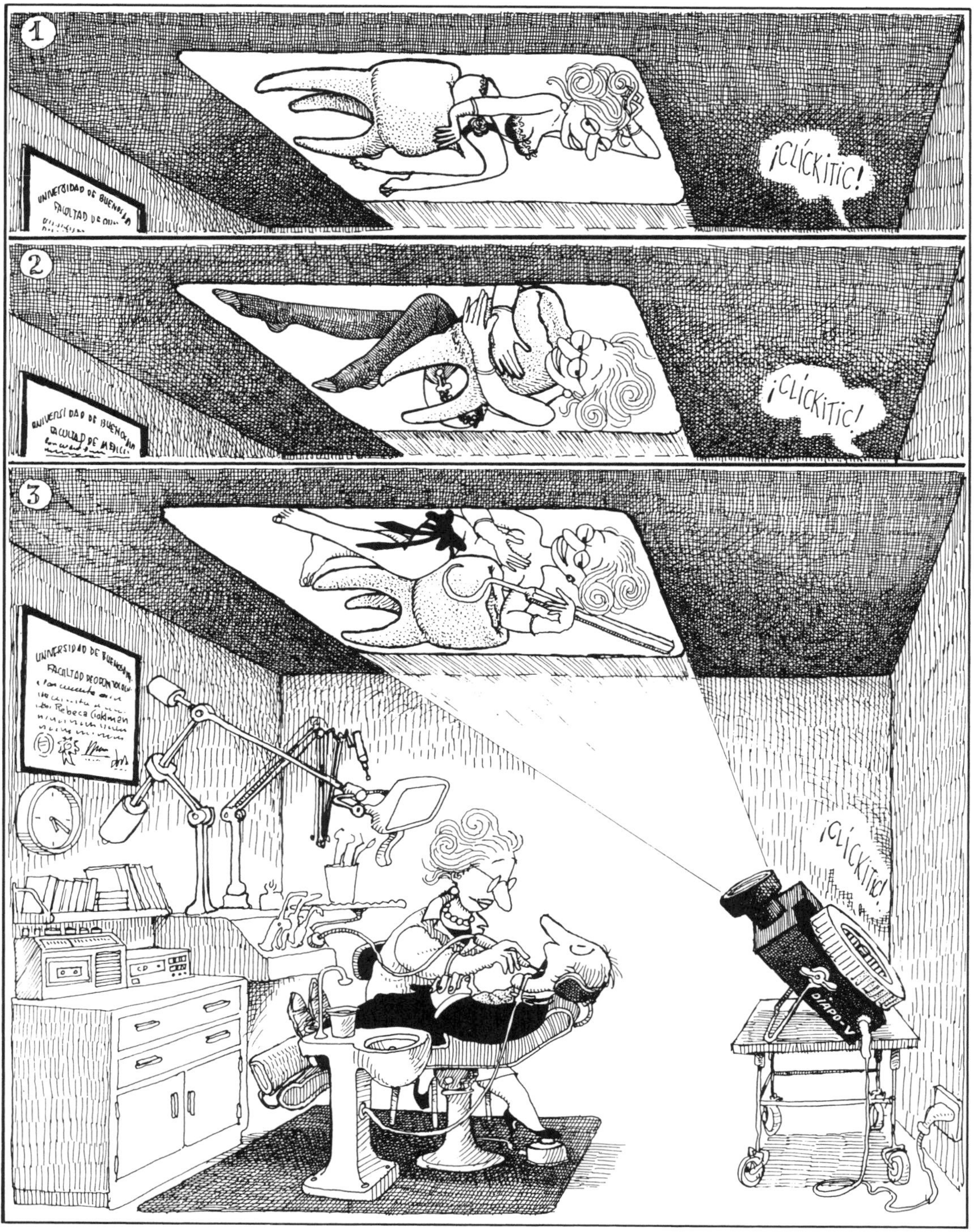
1
¡CLICKITIC!
2
¡CLICKITIC!
3
UNIVERSIDAD DE BUENOS AI...
Rebeca Goldman
¡CLICKITIC!
DIAPO-V

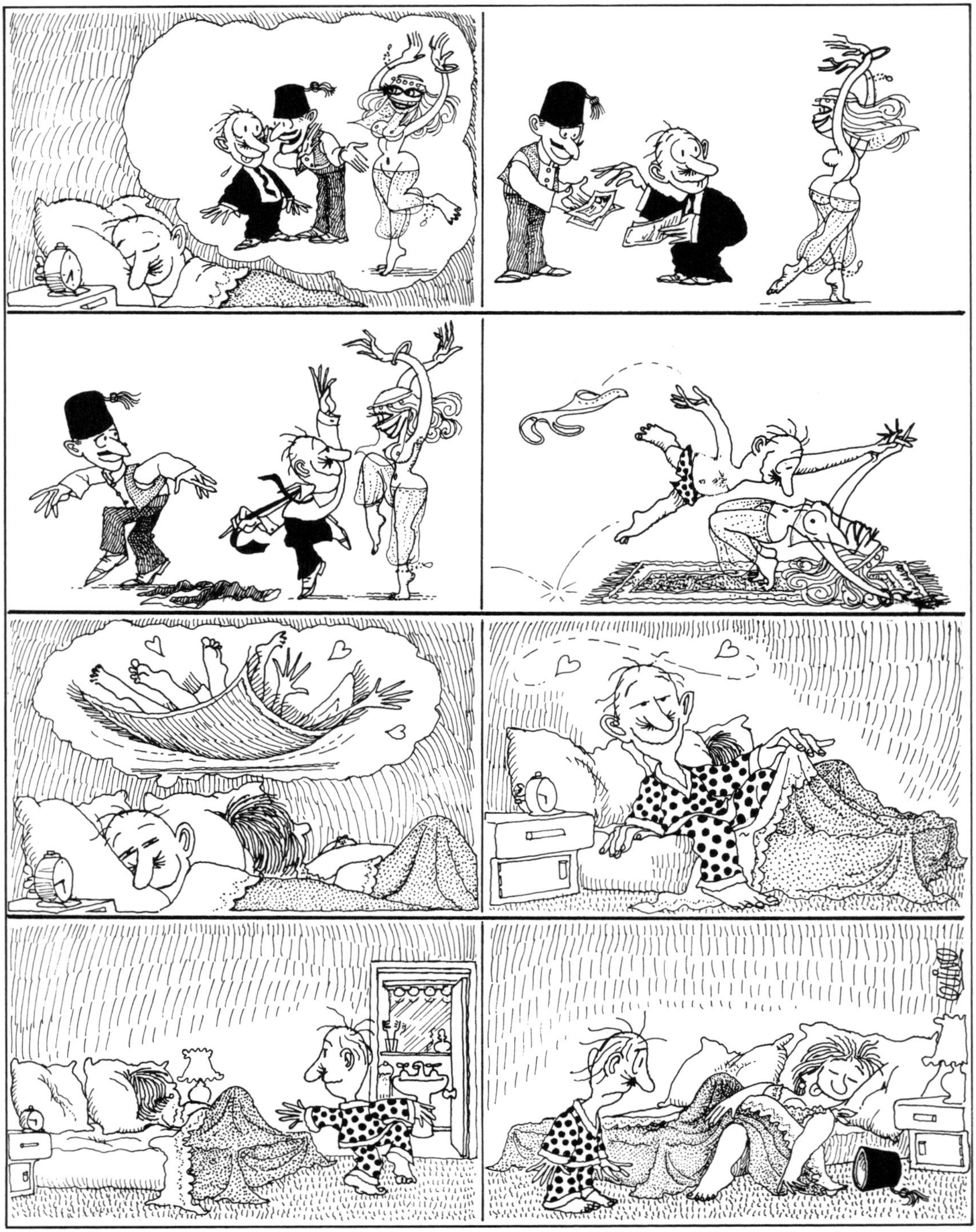

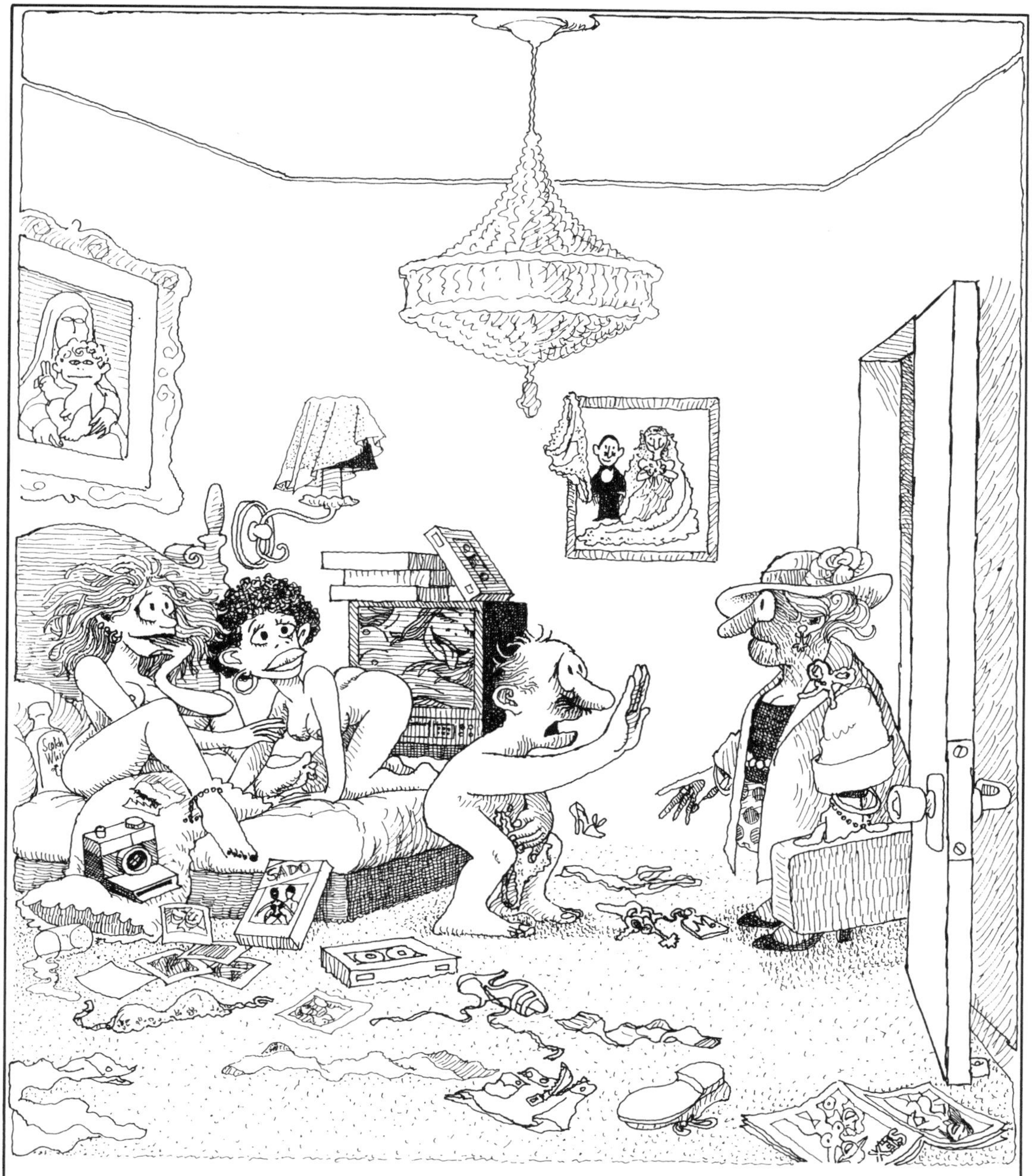
SADO

~¡¡CALMA, MATILDE, CALMA!!... ¡ANTES DE QUE VAYAS A IMAGINARTE LO QUE NO ES,. ¿HAS OÍDO HABLAR DE LA REALIDAD VIRTUAL??..

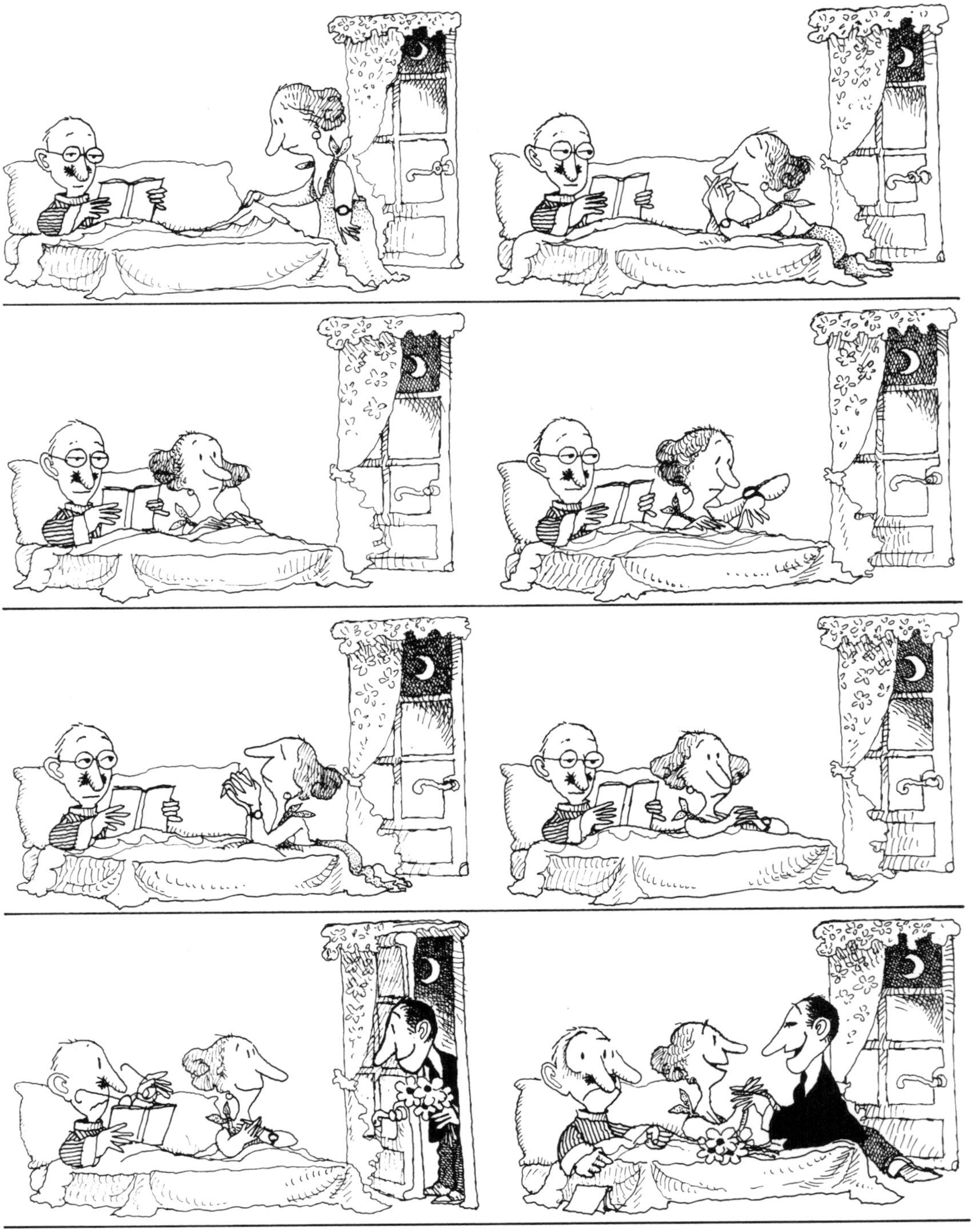

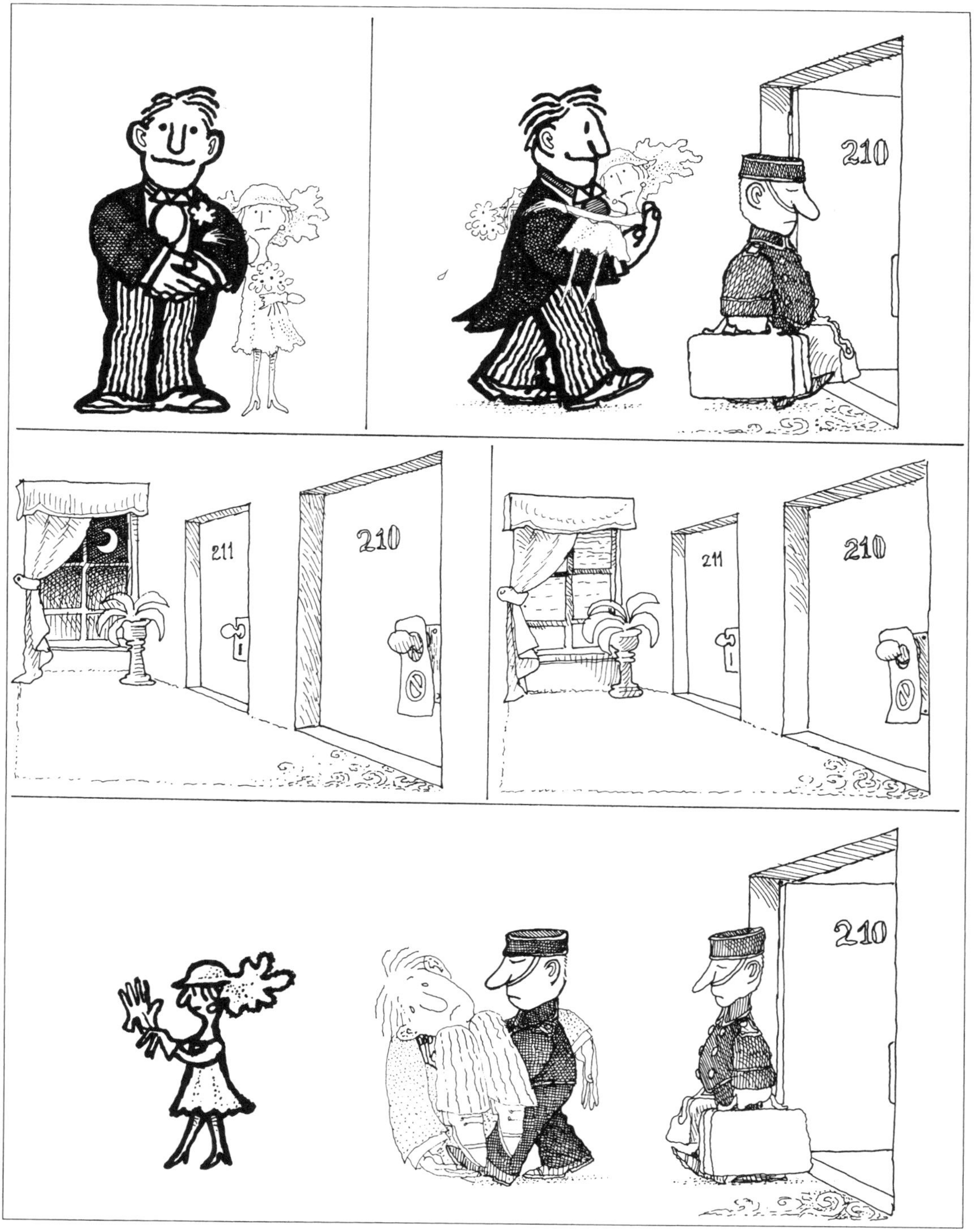
210
211
210
211
210
210

MI PROMETIDA CONTRIBUCIÓN A SU PARROQUIA ANTES DE LA BODA, PADRE, Y NO SE OLVIDE, ¿EHÉ?
¡GRACIAS, HIJO! PIERDE CUIDADO
LUIS ARMANDO: ¿ACEPTAS POR ESPOSA A MARÍA FERNANDA Y JURAS ANTE DIOS AMARLA Y RESPETARLA, TANTO EN BONANZA COMO EN ADVERSIDAD?
¡SÍ, JURO!
Y TÚ, MARÍA FERNANDA: ¿ACEPTAS POR ESPOSO A LUIS ARMANDO Y JURAS ANTE DIOS NO CRITICAR A SU MADRE, DEJARLE VER TODO EL FÚTBOL QUE QUIERA, ASÍ EN LA CANCHA COMO EN TV, SACIAR LA SED Y EL HAMBRE DE SUS AMIGOS CUANDO LOS INVITE A VUESTRO HOGAR, NO ACOSARLO NUNCA CON "DE DÓNDE VENÍS A ESTAS HORAS" Y AMARLO Y RESPETARLO, TANTO EN BONANZA COMO EN ADVERSIDAD?

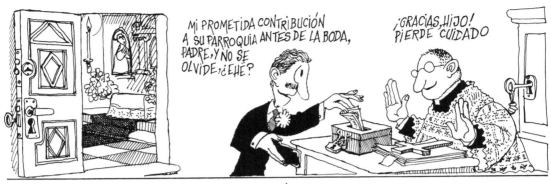

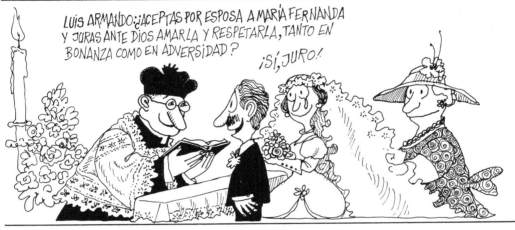

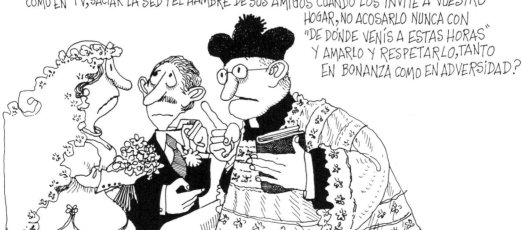

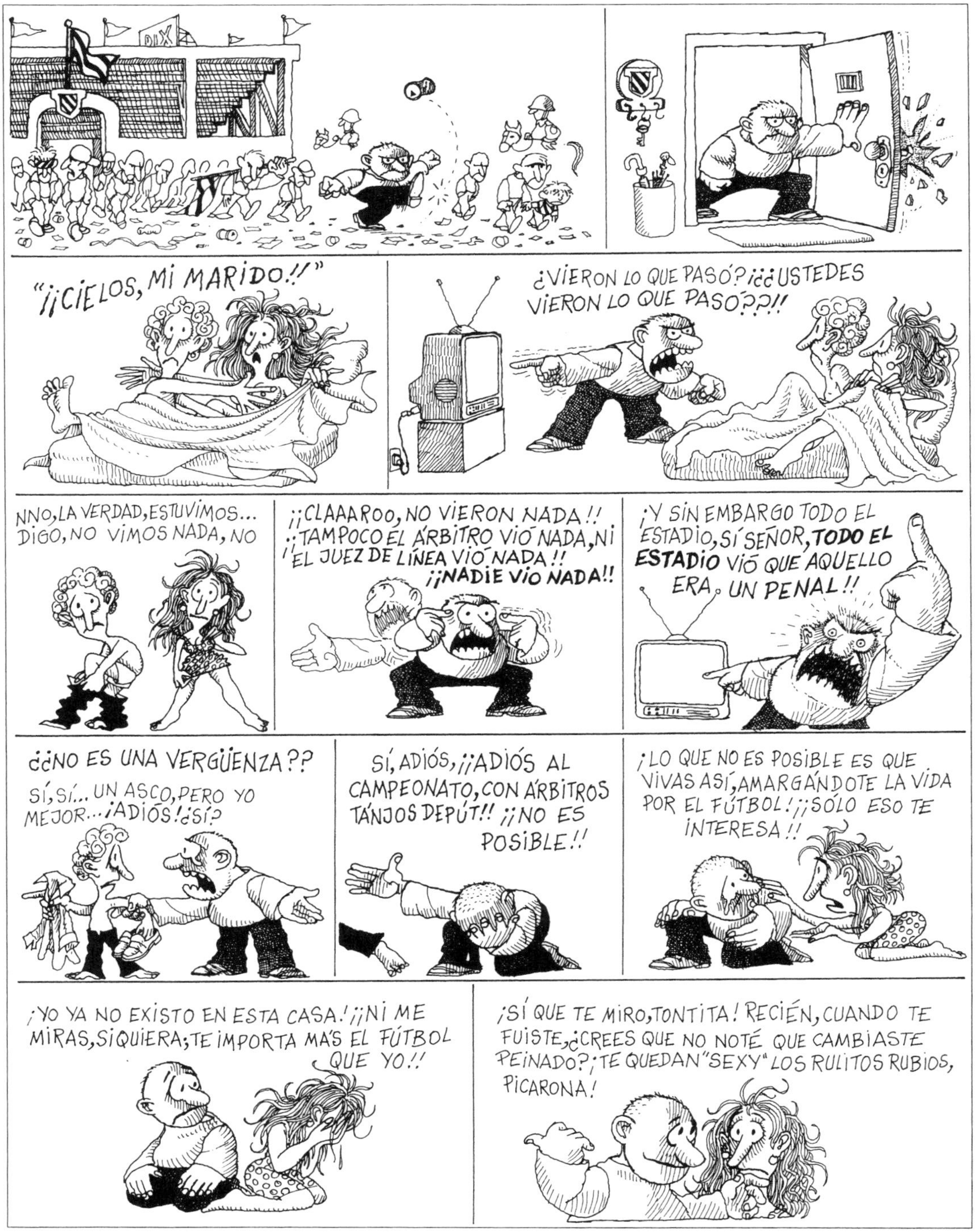
"¡¡CIELOS, MI MARIDO!!"
¿VIERON LO QUE PASÓ? ¿¿¿USTEDES VIERON LO QUE PASÓ???!!
NNO, LA VERDAD, ESTUVIMOS... DIGO, NO VIMOS NADA, NO
¡¡CLAAAROO, NO VIERON NADA!! ¡¡TAMPOCO EL ÁRBITRO VIÓ NADA, NI EL JUEZ DE LÍNEA VIÓ NADA!! ¡¡NADIE VIO NADA!!
¡Y SIN EMBARGO TODO EL ESTADIO, SÍ SEÑOR, TODO EL ESTADIO VIÓ QUE AQUELLO ERA, UN PENAL!!
¿¿NO ES UNA VERGÜENZA??
SÍ, SÍ... UN ASCO, PERO YO MEJOR... ¡ADIÓS! ¿SÍ?
SÍ, ADIÓS, ¡¡ADIÓS AL CAMPEONATO, CON ÁRBITROS TANJOS DEPÚT!! ¡¡NO ES POSIBLE!!
¡LO QUE NO ES POSIBLE ES QUE VIVAS ASÍ, AMARGÁNDOTE LA VIDA POR EL FÚTBOL! ¡¡SÓLO ESO TE INTERESA!!
¡YO YA NO EXISTO EN ESTA CASA! ¡¡NI ME MIRAS, SIQUIERA; TE IMPORTA MÁS EL FÚTBOL QUE YO!!
¡SÍ QUE TE MIRO, TONTITA! RECIÉN, CUANDO TE FUISTE, ¿CREES QUE NO NOTÉ QUE CAMBIASTE PEINADO? ¡TE QUEDAN "SEXY" LOS RULITOS RUBIOS, PICARONA!

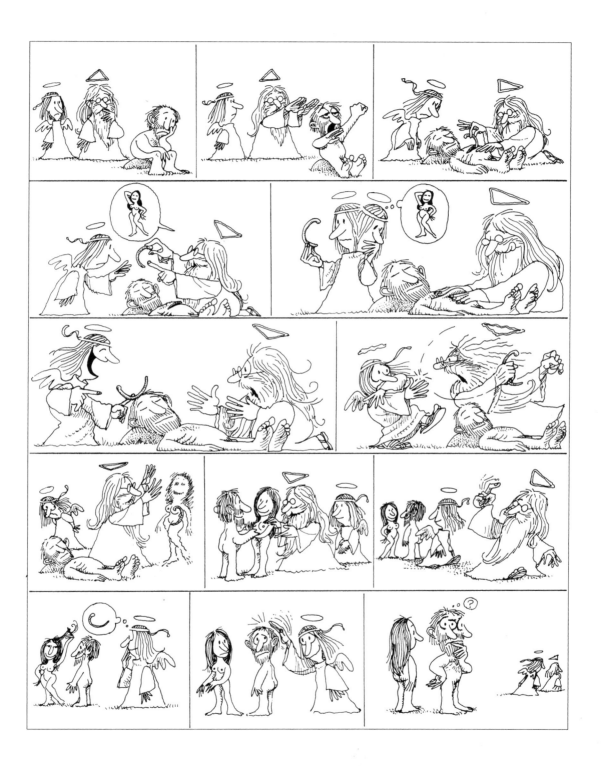

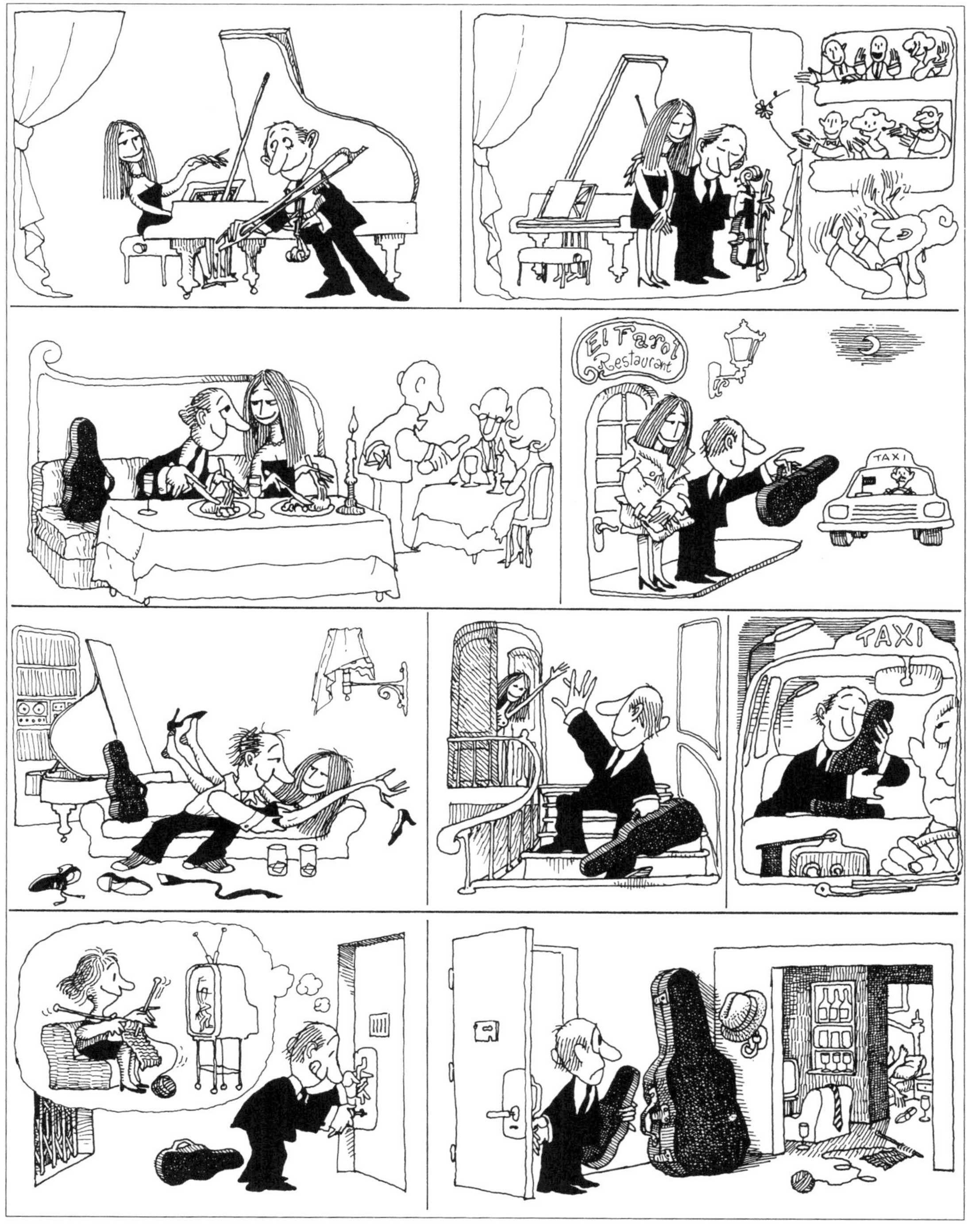
El Farol
Restaurant
TAXI
TAXI

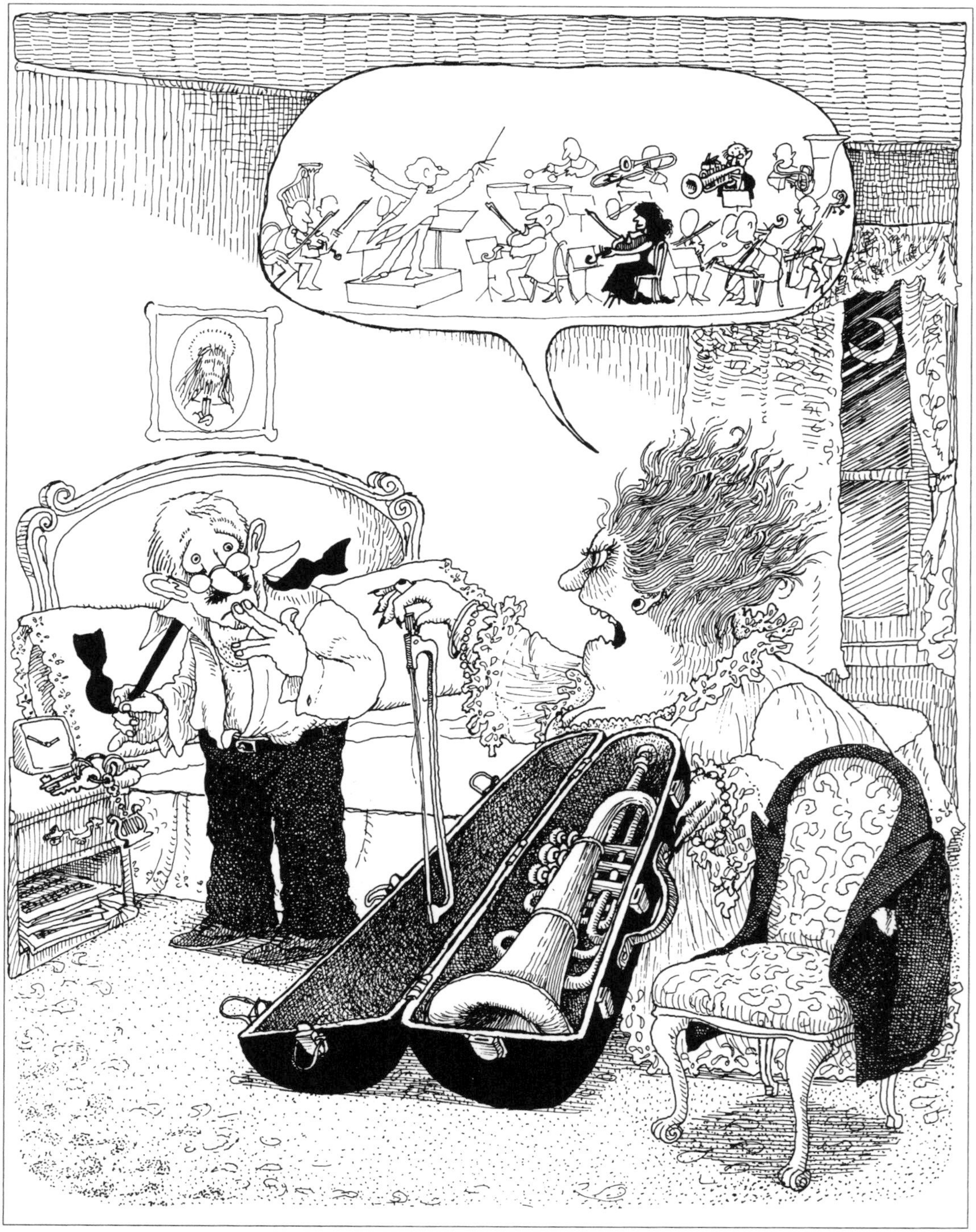

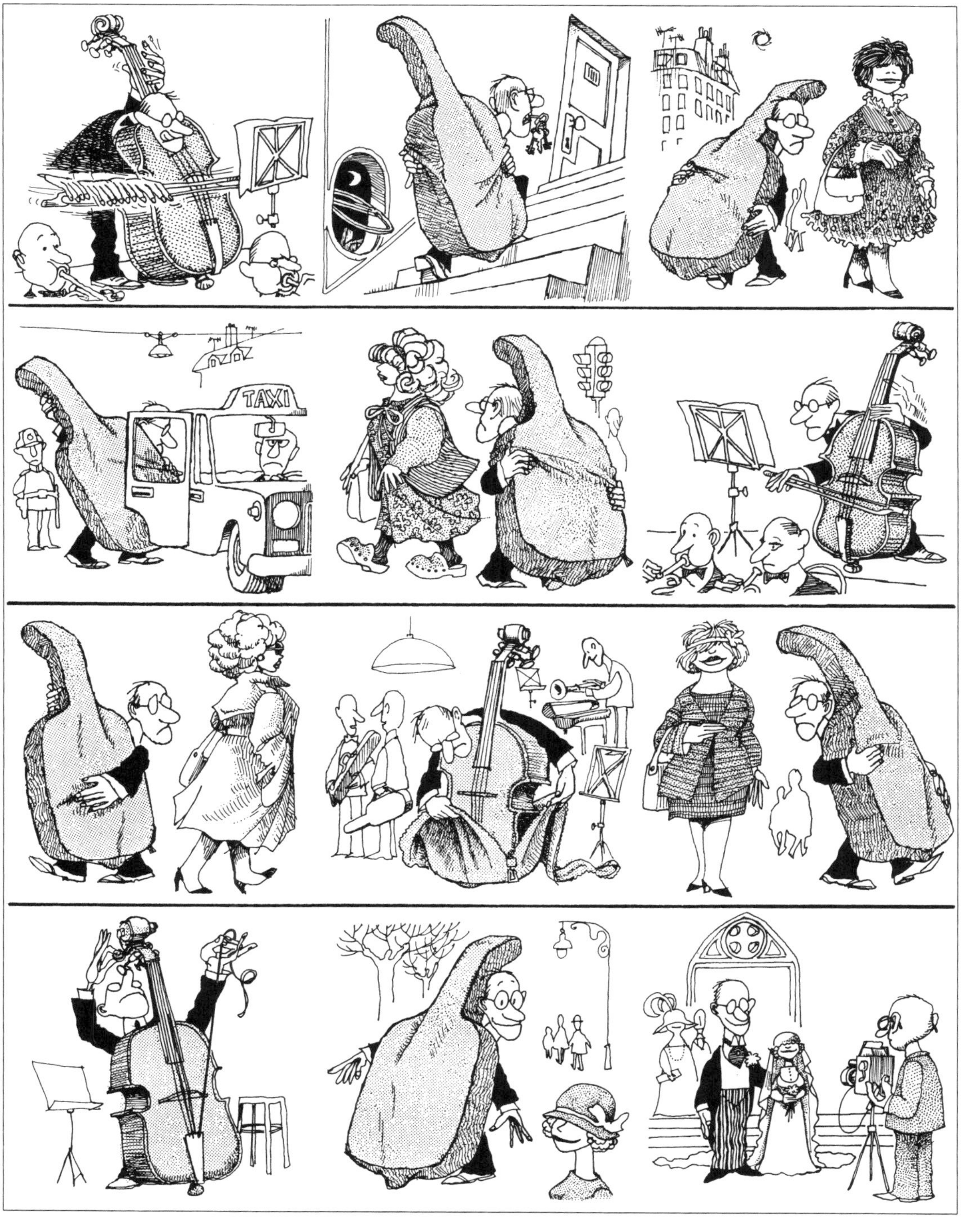
TAXI

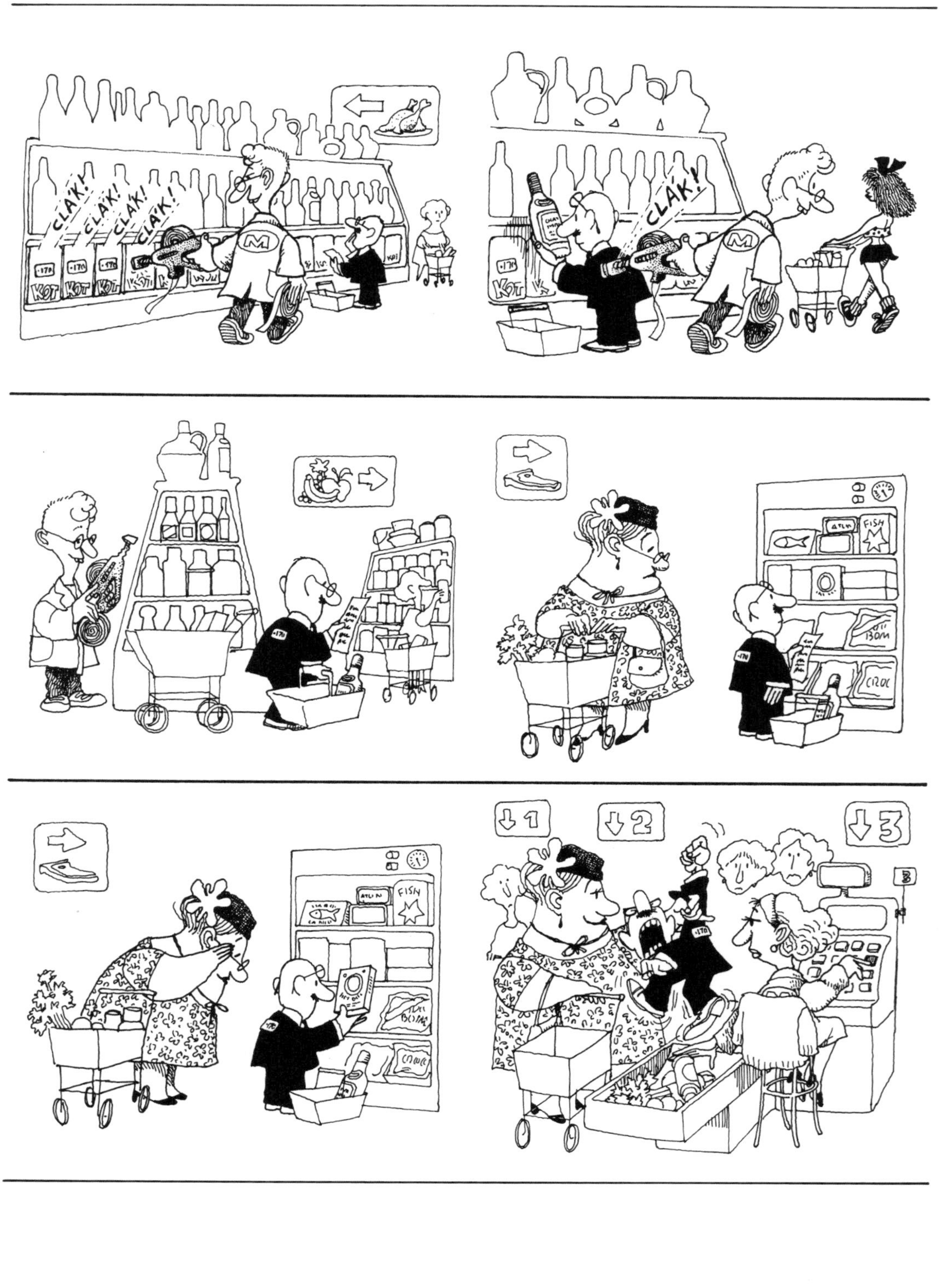
CLAK! CLAK! CLAK! CLAK!
KOT KOT KOT
CLAK!
FISH
BOM
FISH
1
2
3

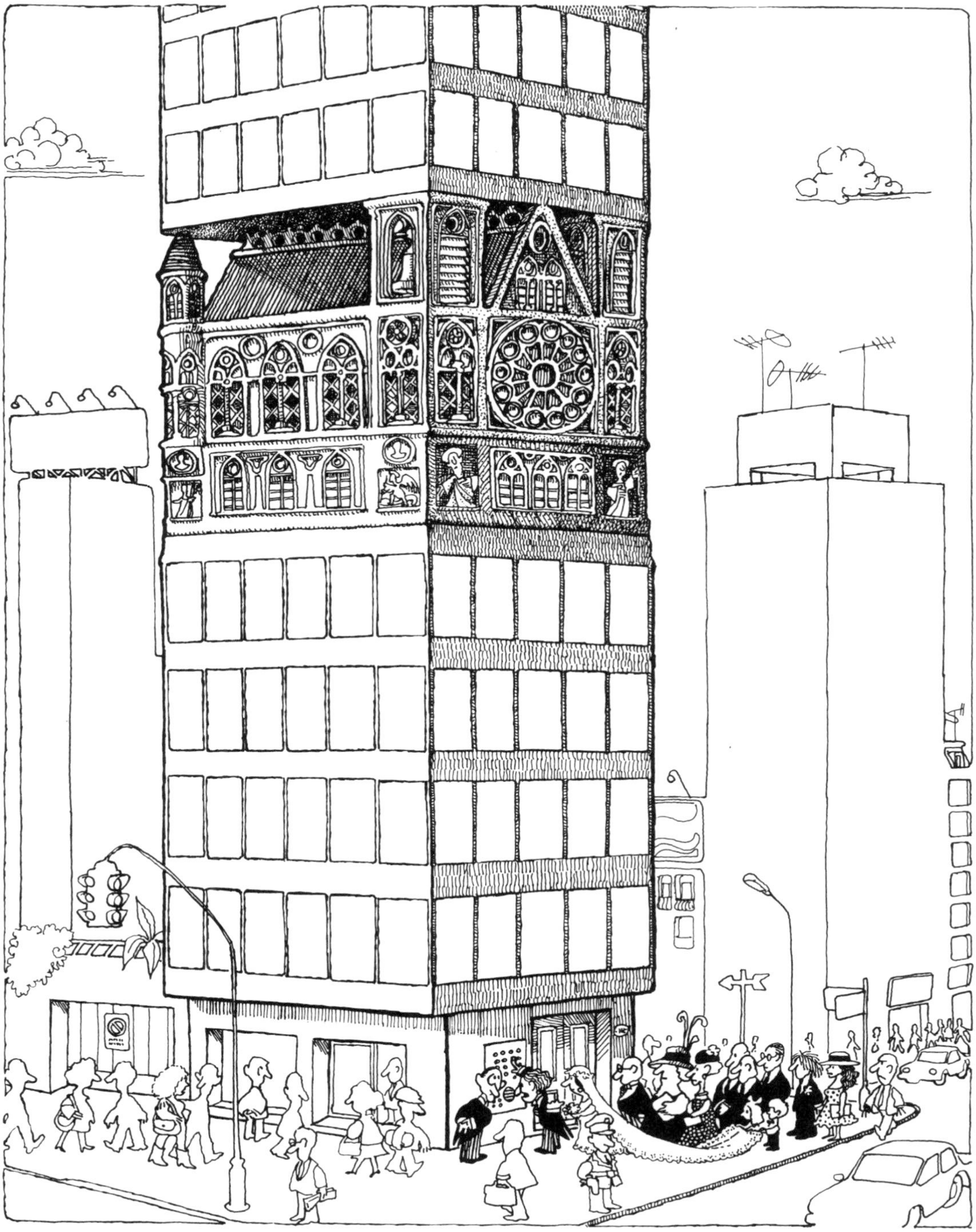

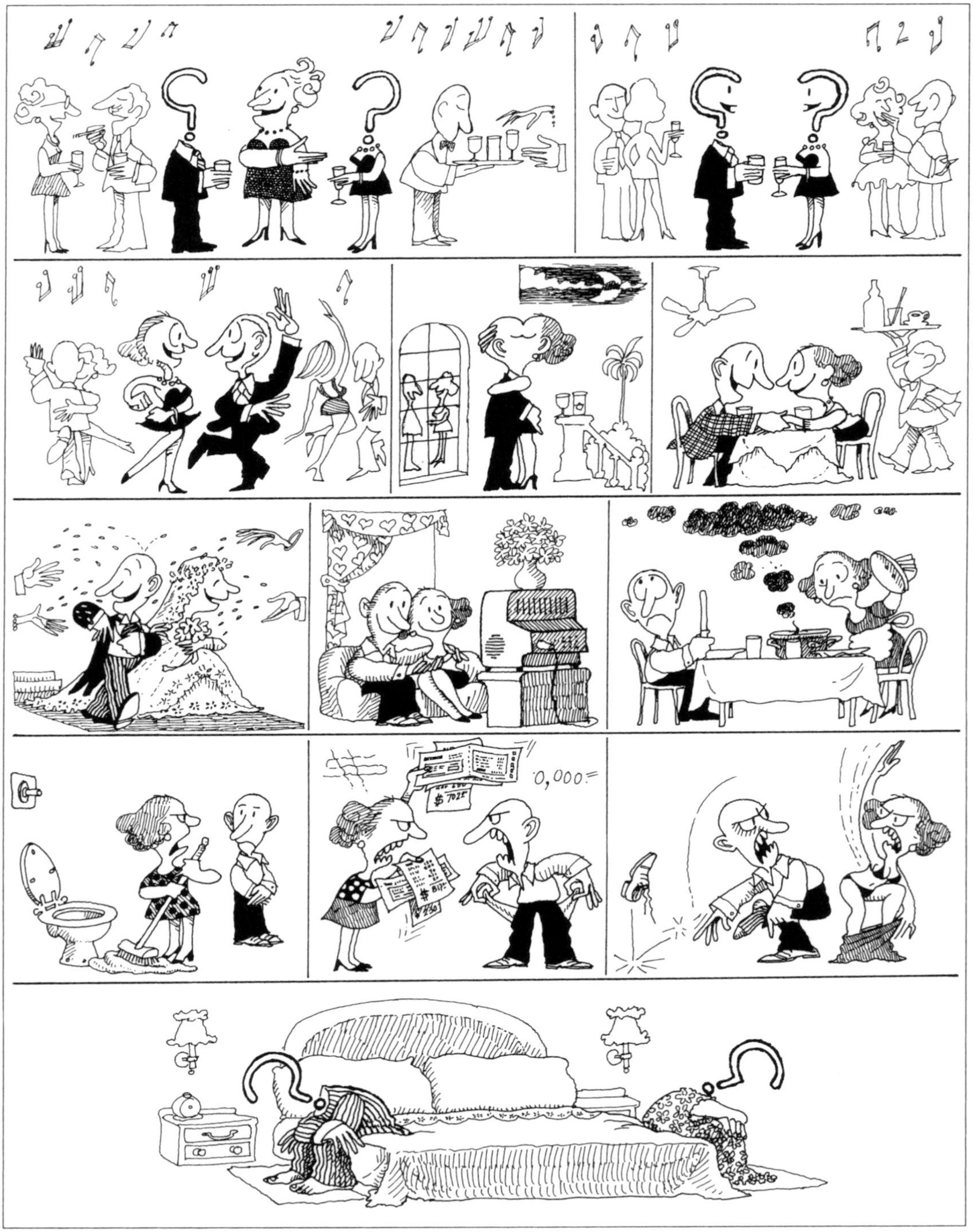
0,000=

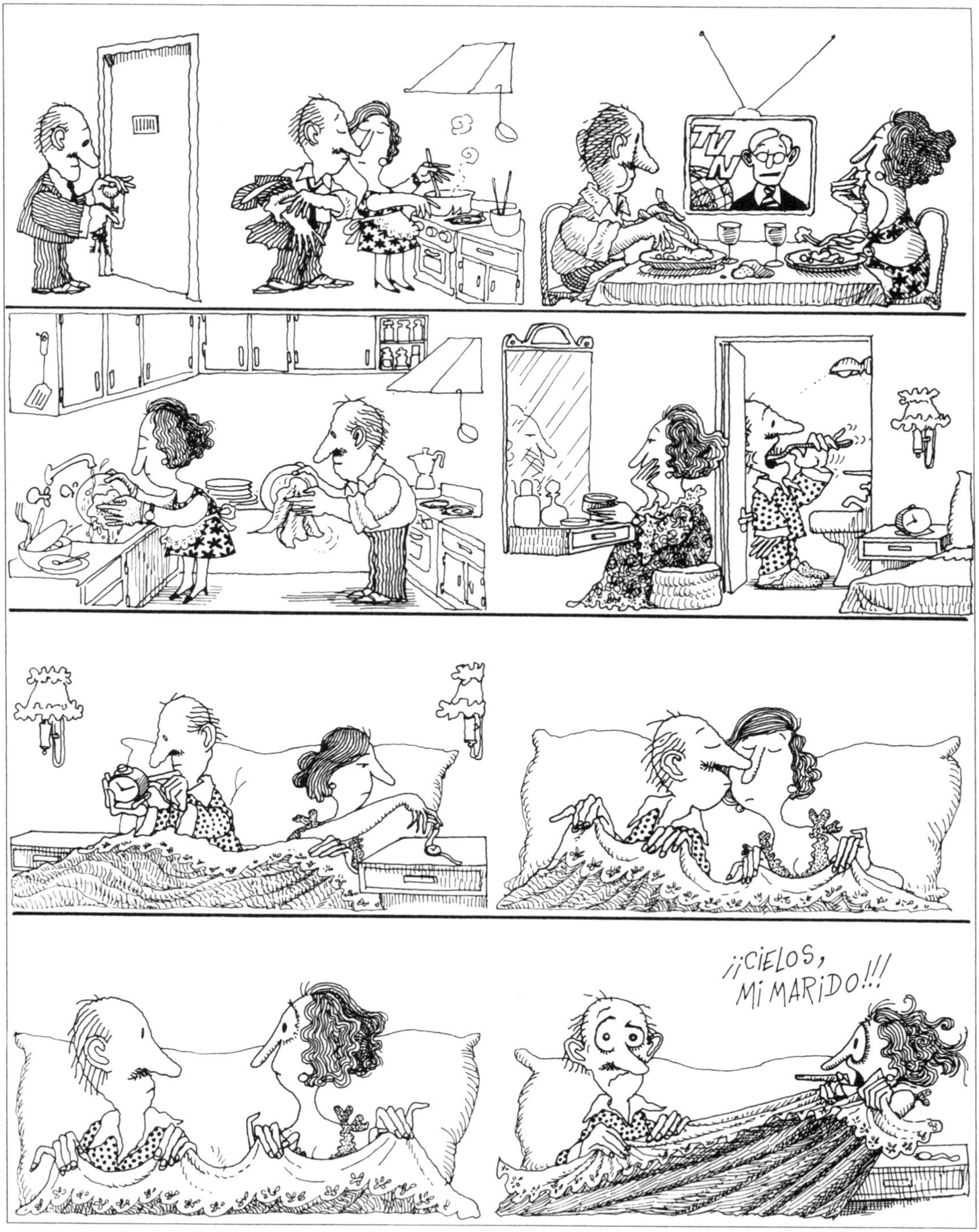
¡¡CIELOS,
MI MARIDO!!!

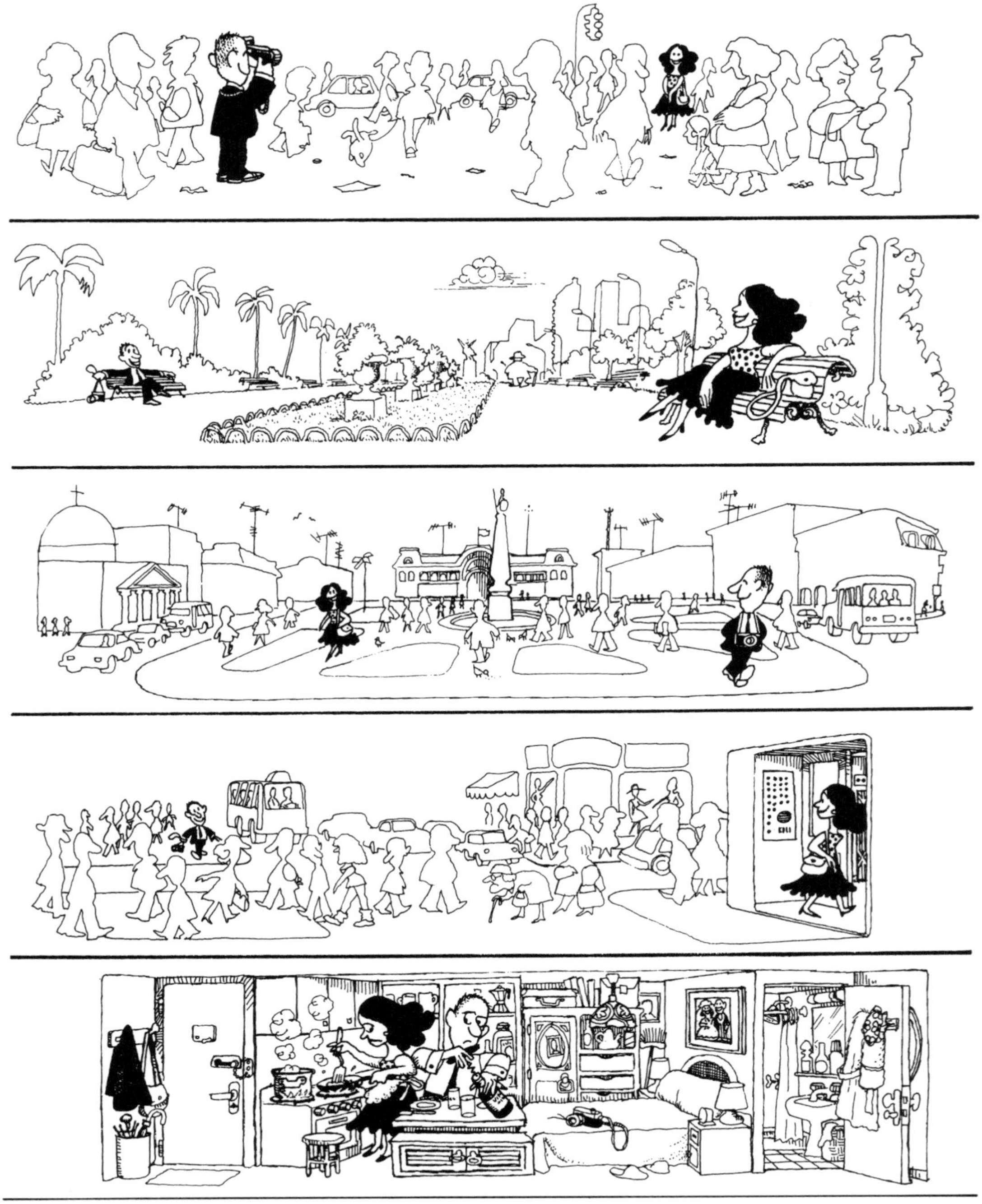

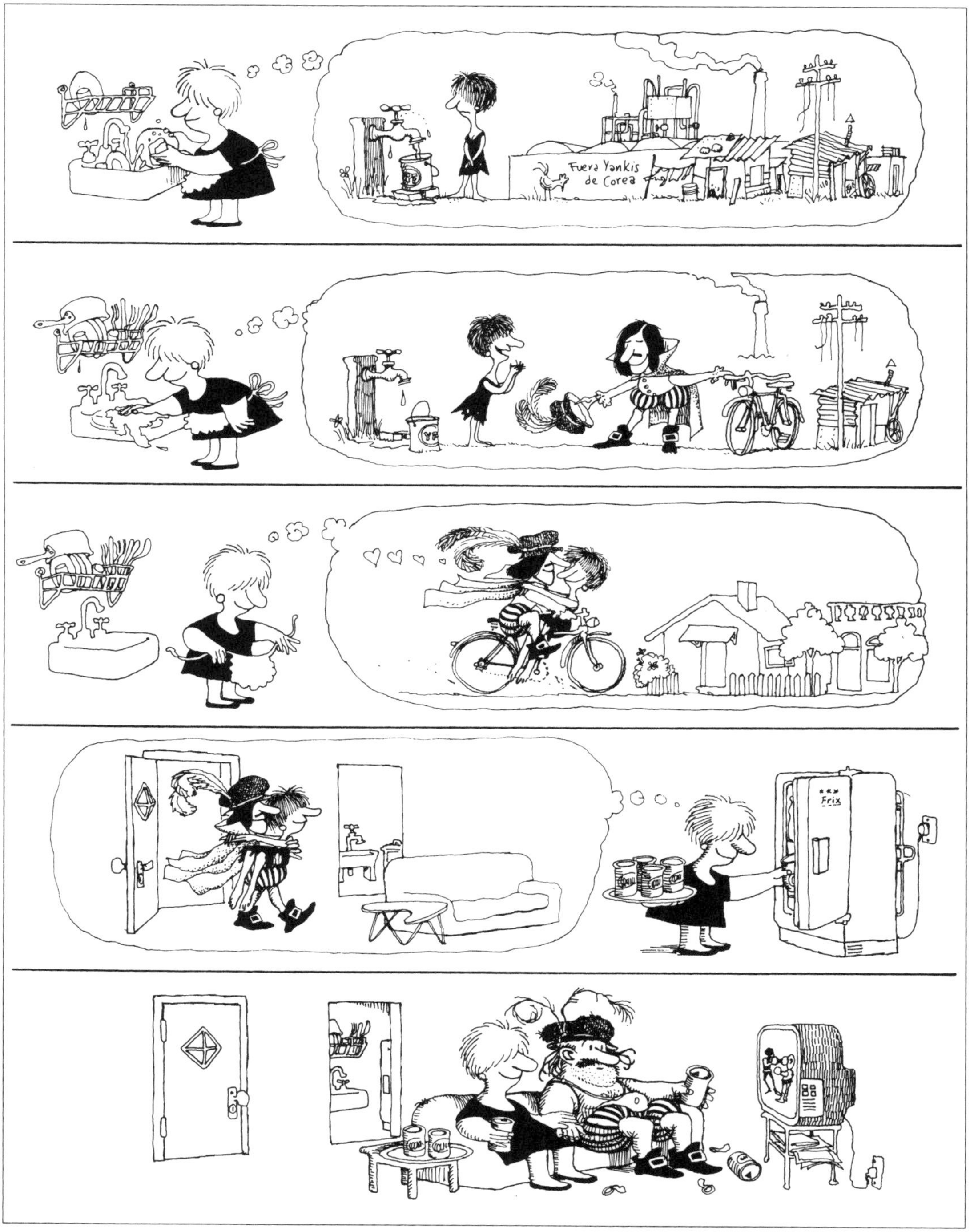
Fuera Yankis de Corea
Frix

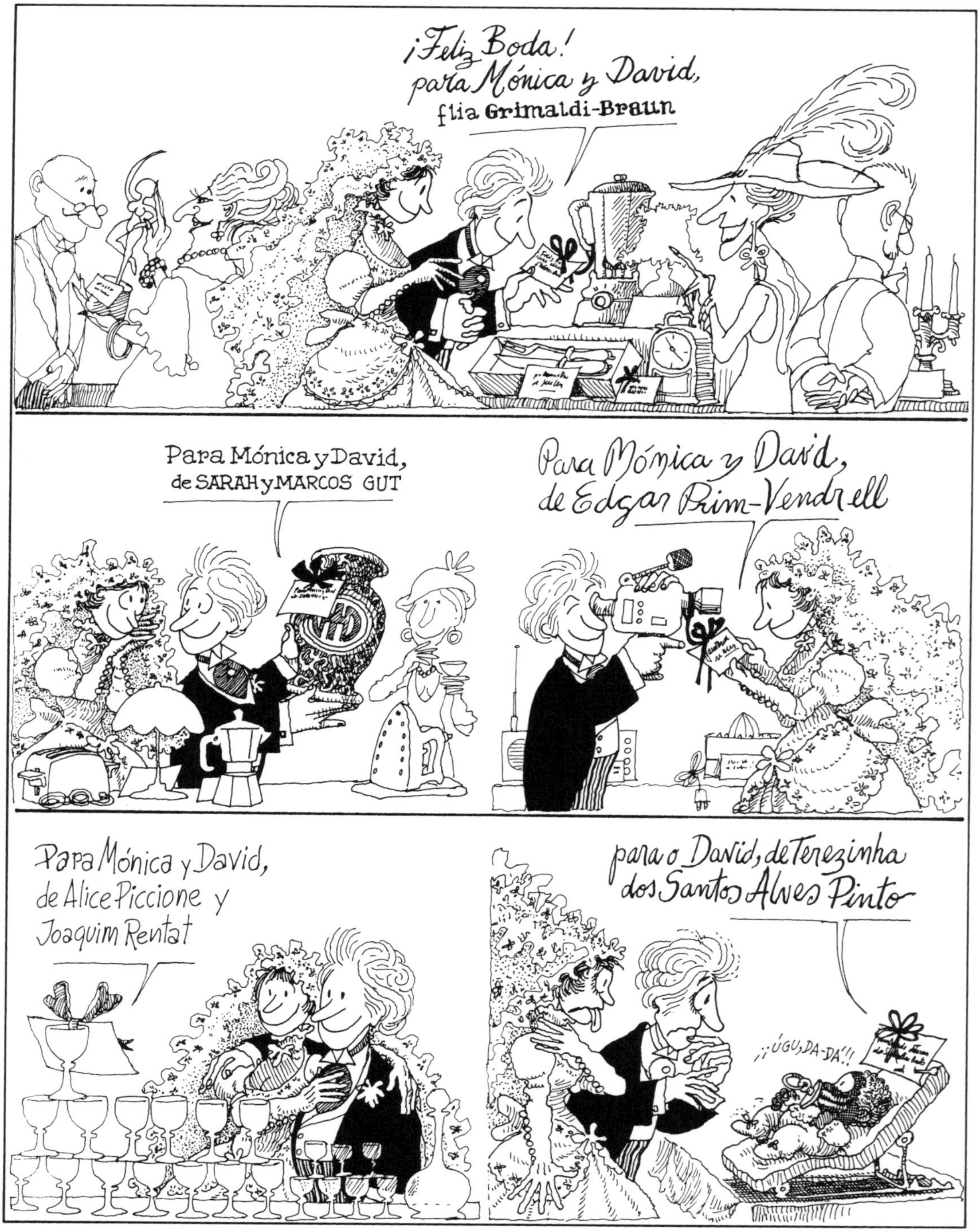
¡Feliz Boda!
para Mónica y David,
flia Grimaldi-Braun
Para Mónica y David,
de SARAH y MARCOS GUT
Para Mónica y David,
de Edgar Prim-Vendrell
Para Mónica y David,
de Alice Piccione y
Joaquim Rentat
para o David, de Terezinha
dos Santos Alves Pinto
¡¡ÚGU, DA-DÁ!!

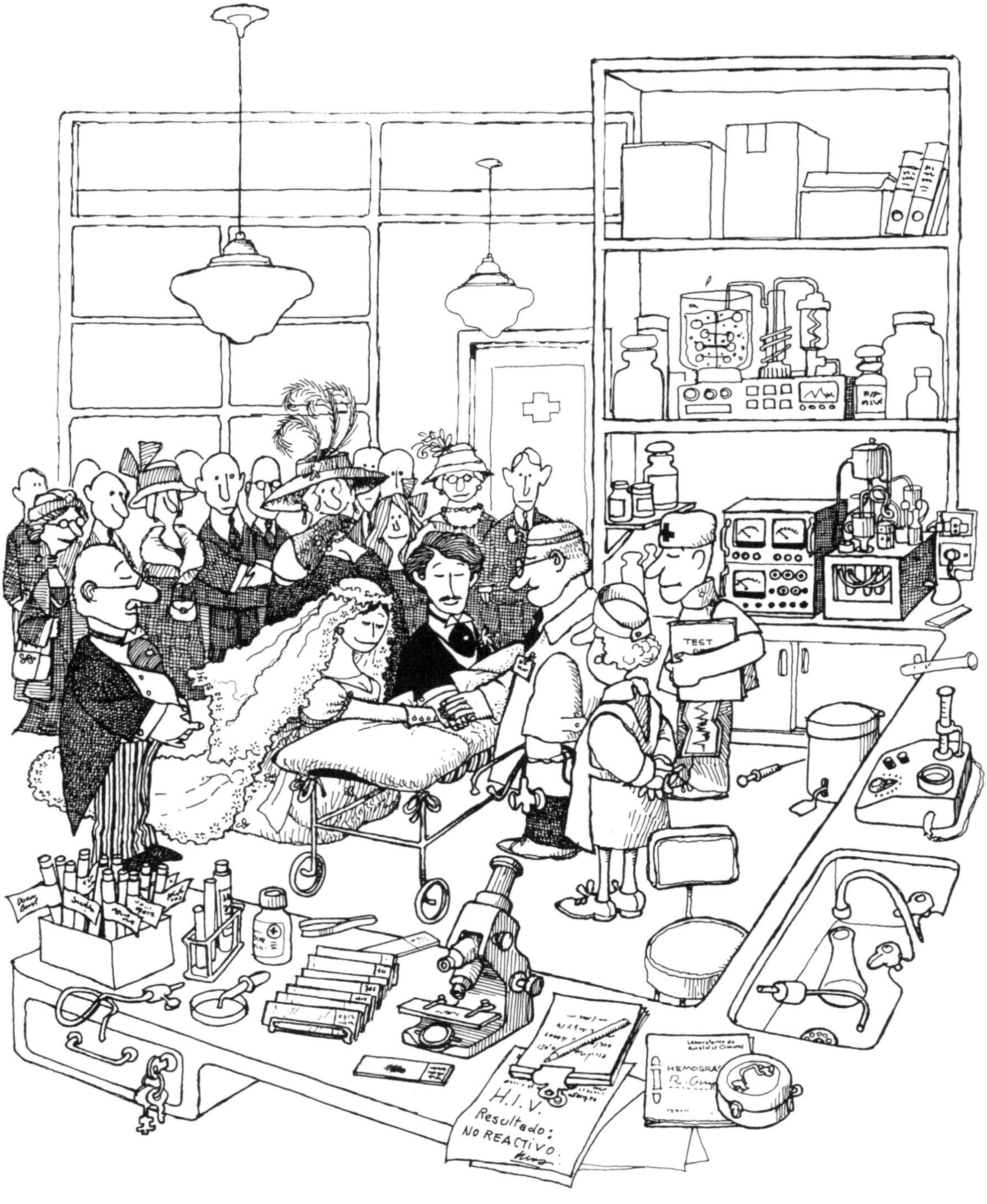
TEST
H.I.V.
Resultado:
NO REACTIVO.
HEMOGRA

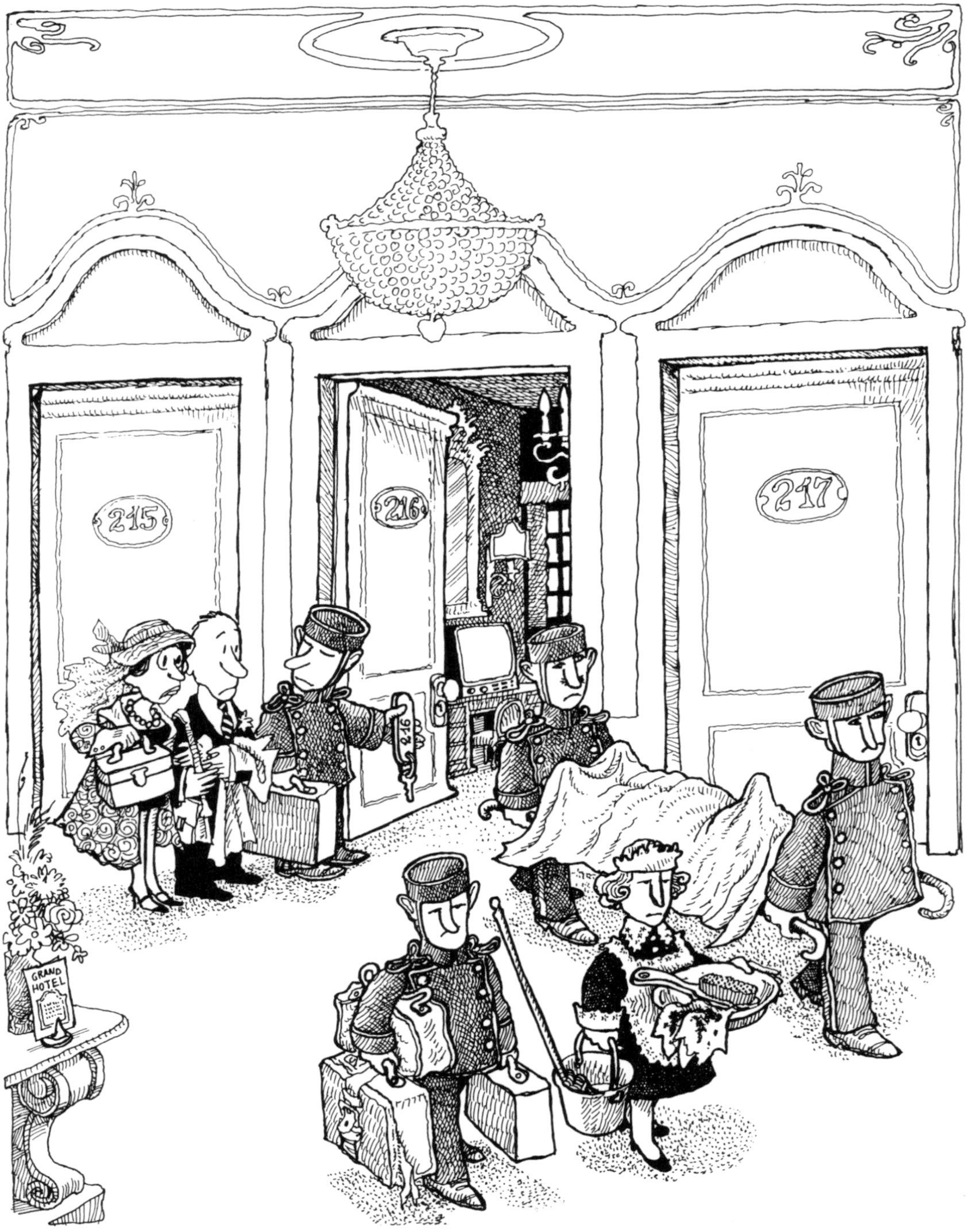
215
216
217
GRAND HOTEL

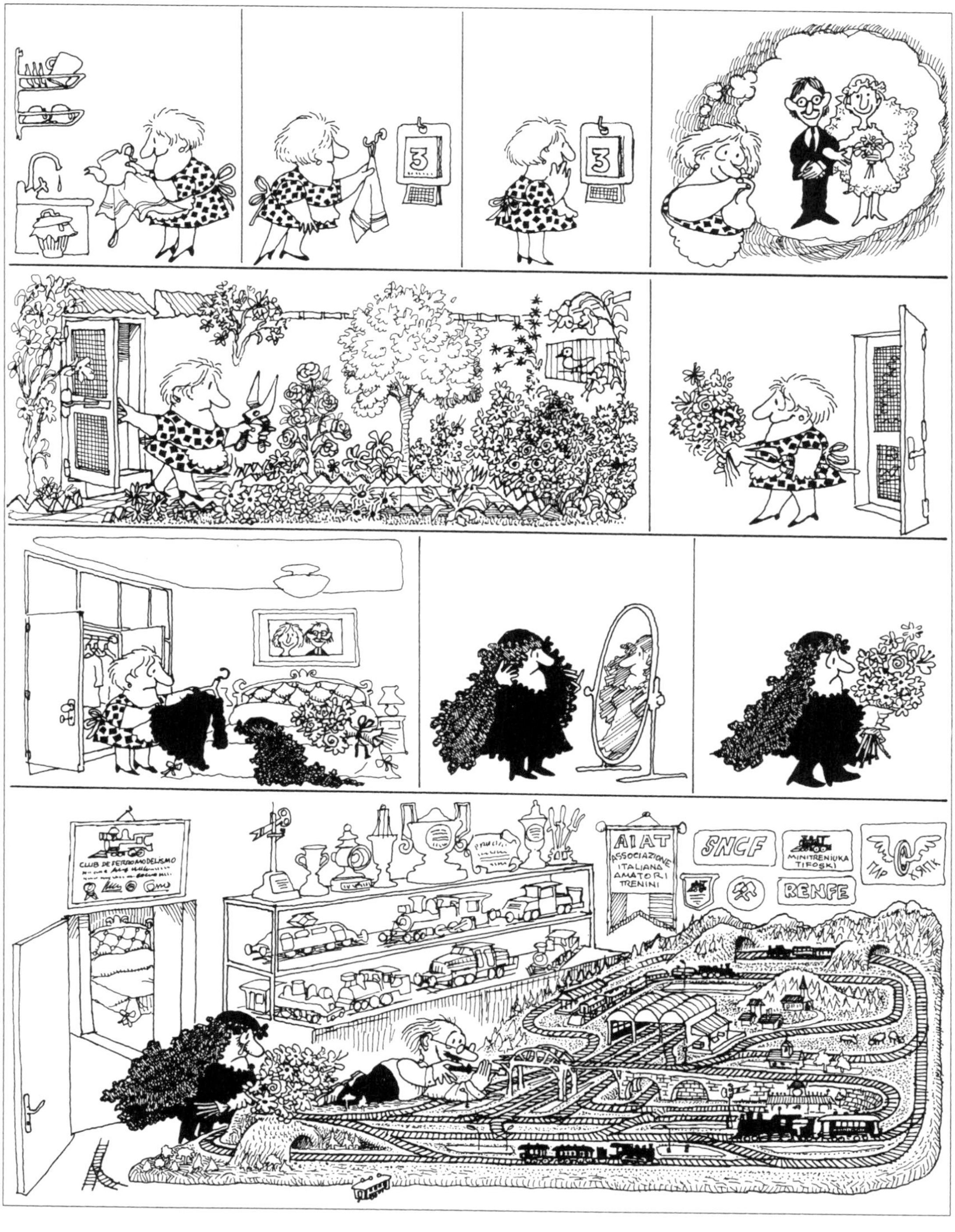
3
3
CLUB DE FERROMODELISMO
AI AT
ASSOCIAZIONE ITALIANA AMATORI TRENINI
SNCF
MINITRENIUKA TIFOSKI
RENFE

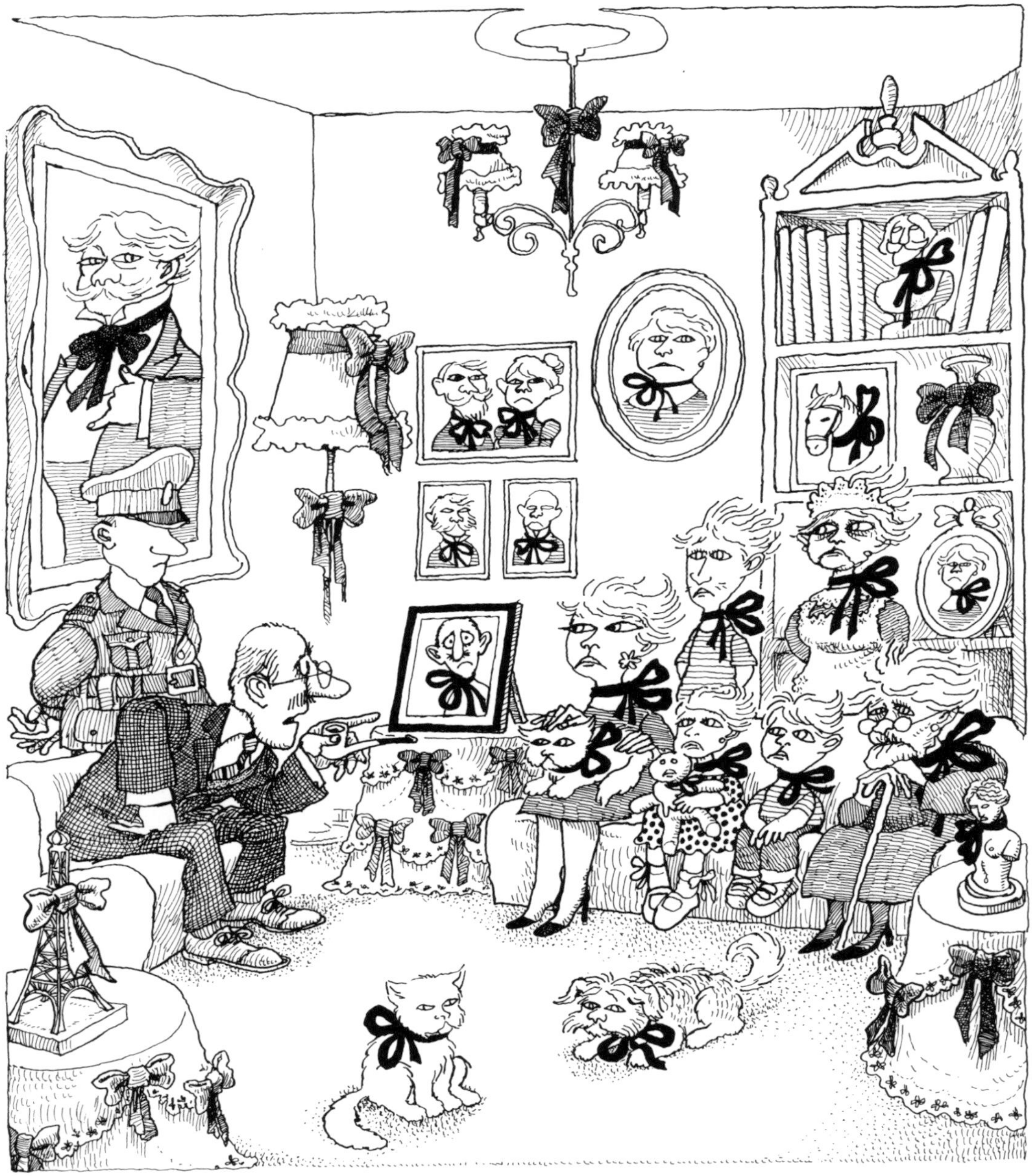

–NOS AYUDARÍA MUCHO, PARA ENCONTRAR A SU ESPOSO, TENER AL MENOS UN PEQUEÑO INDICIO SOBRE QUÉ CAUSA, RAZÓN O MOTIVO PUEDA HABERLO LLEVADO A HACER ABANDONO DE SU HOGAR

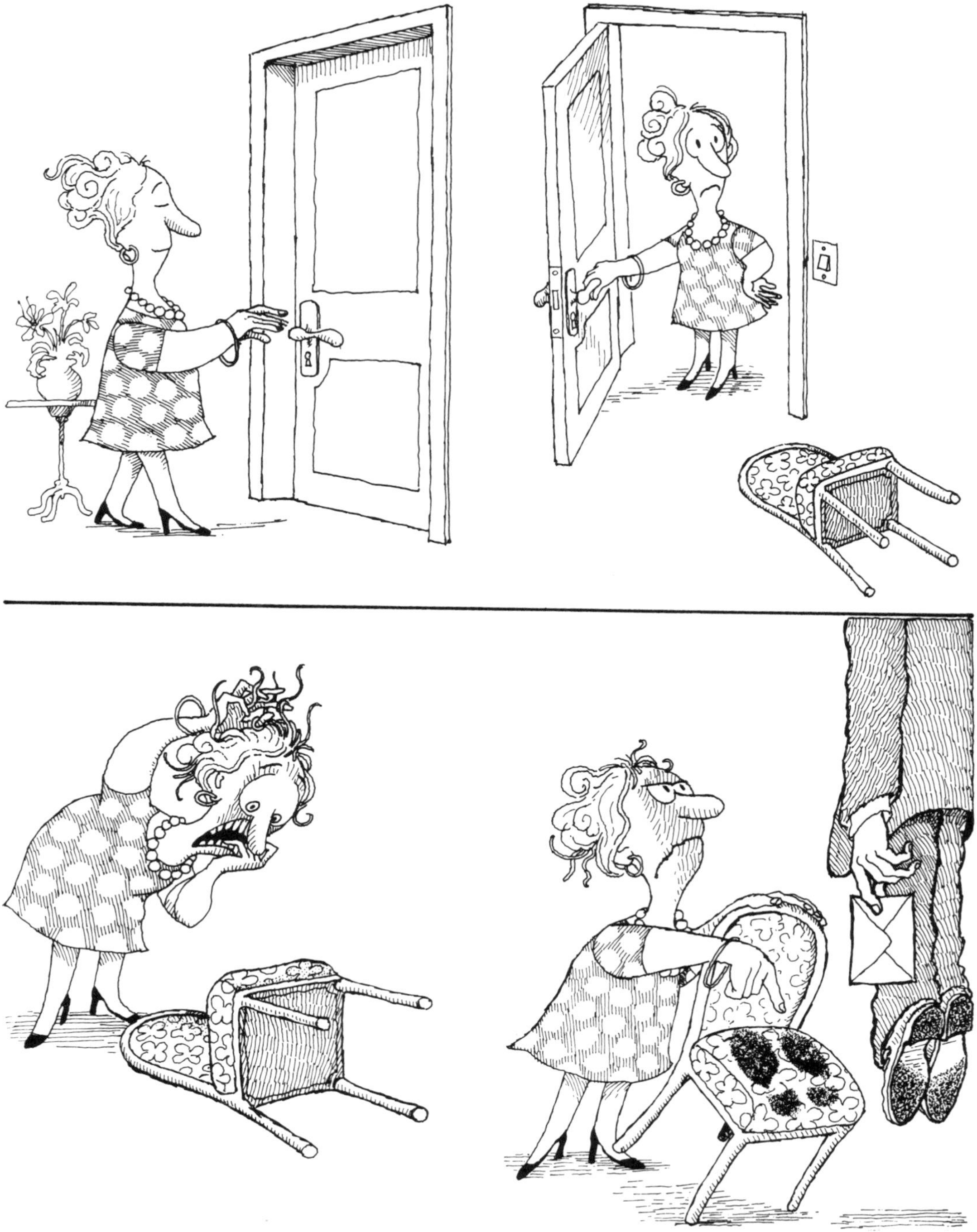

¡¡¿¿QUIÉN ANDA AHÍ??!!

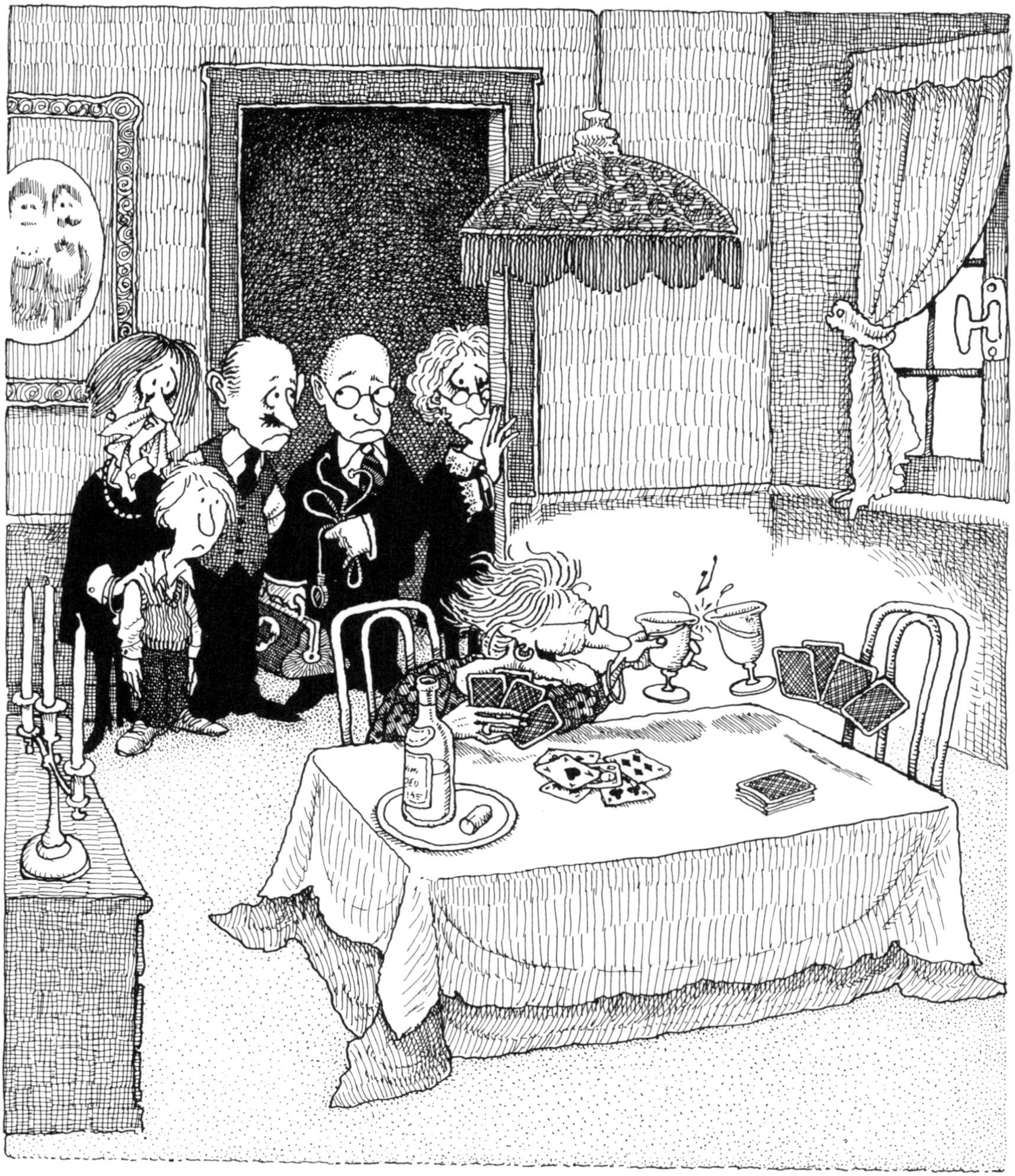

—¡POR NOSOTROS!... METIDOS EN ESTA FAMILIA DE LOCOS QUE INSISTE EN CREER QUE HAS MUERTO, PORQUE, ¡POBRES!, NO HAN ENTENDIDO TODAVÍA PARA QUÉ SIRVE EL AMOR.

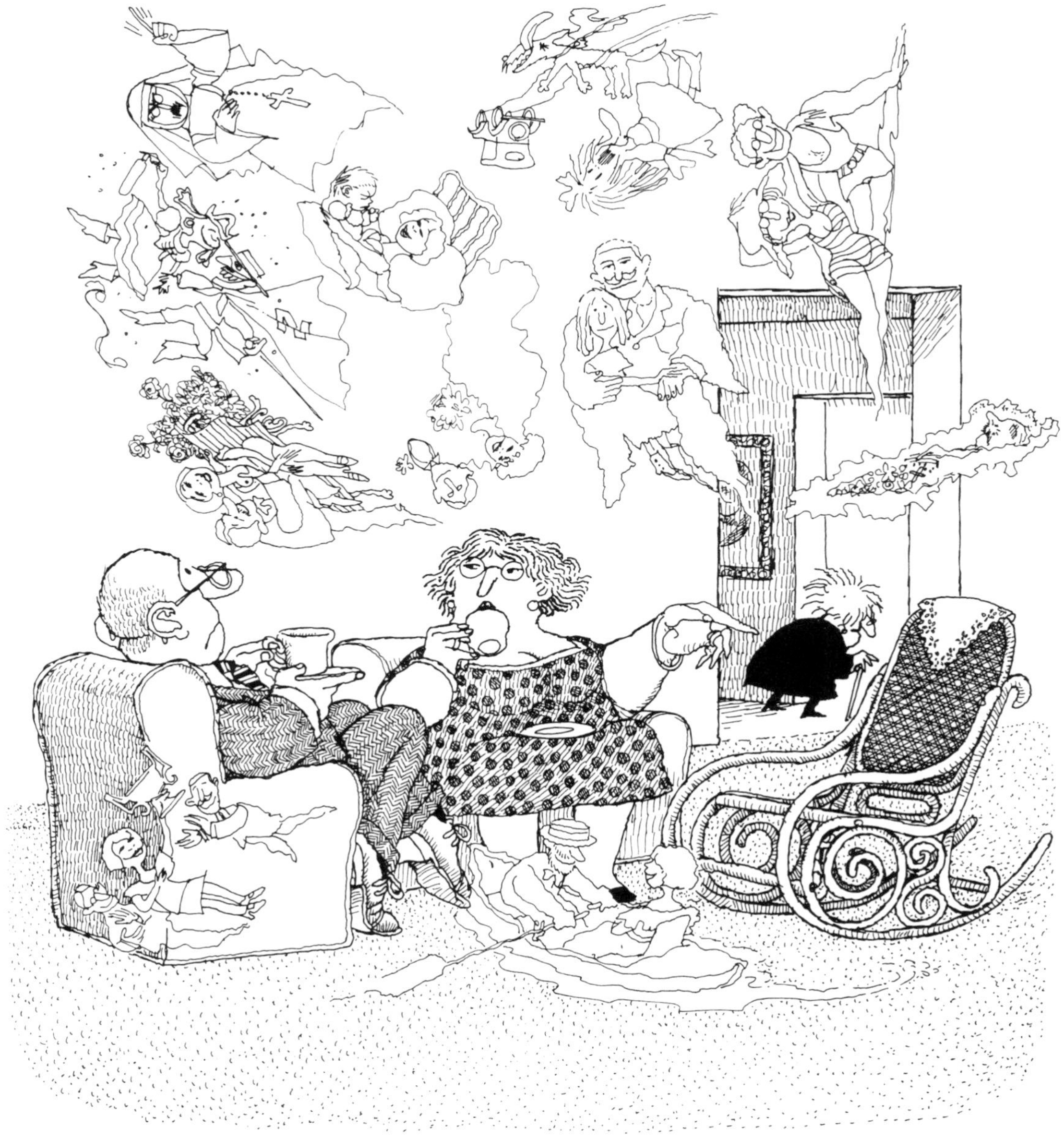

—NO, NADA; COSAS DE LA ABUELA, QUE SE PASA HORAS EN SU MECEDORA, PENSANDO, Y DEJA LUEGO SUS RECUERDOS DESPARRAMADOS POR CUALQUIER PARTE.

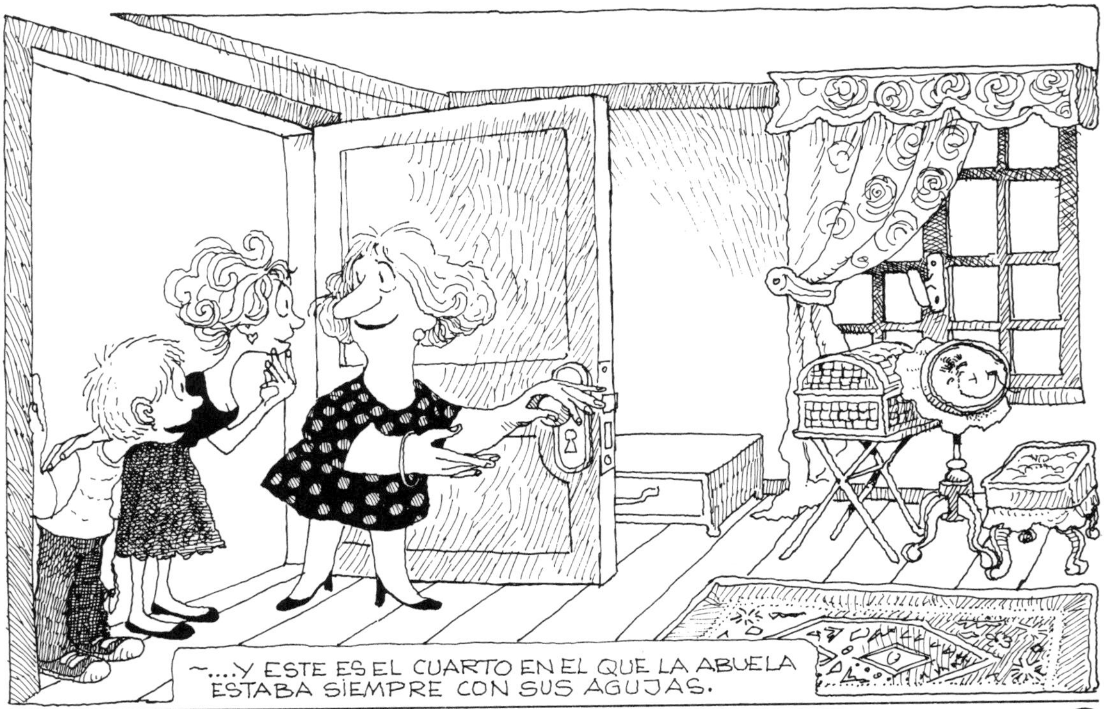
~....Y ESTE ES EL CUARTO EN EL QUE LA ABUELA ESTABA SIEMPRE CON SUS AGUJAS.

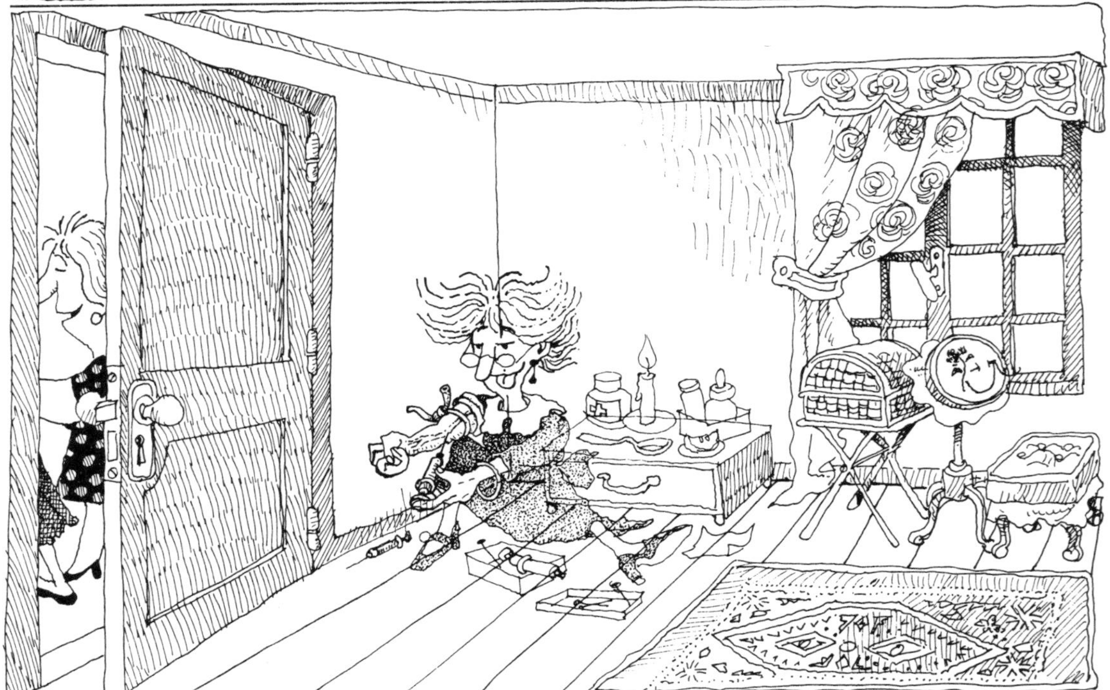

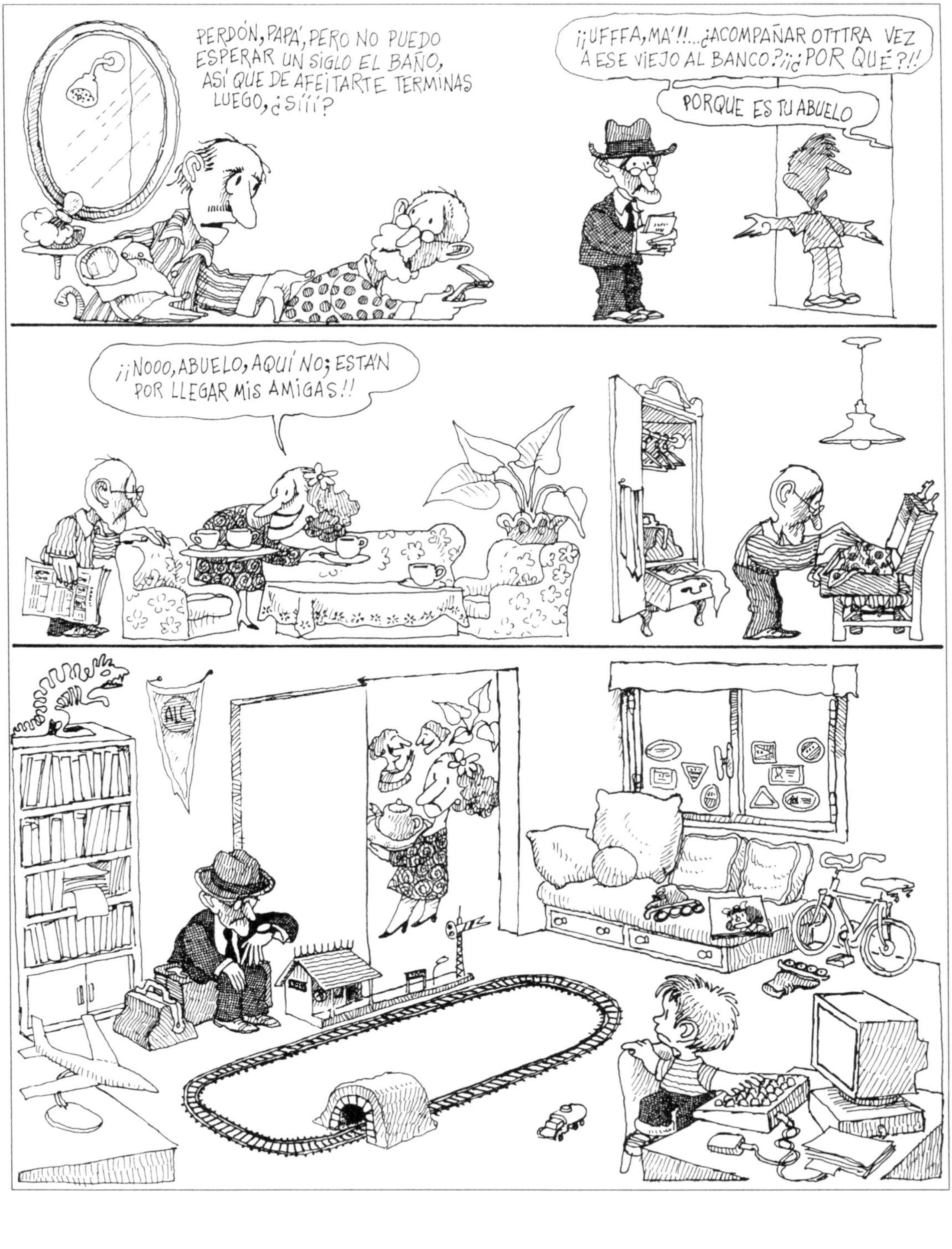
PERDÓN, PAPÁ, PERO NO PUEDO ESPERAR UN SIGLO EL BAÑO, ASÍ QUE DE AFEITARTE TERMINAS LUEGO, ¿SÍÍÍ?
¡¡UFFFA, MA'!!...¿ACOMPAÑAR OTTTRA VEZ A ESE VIEJO AL BANCO?¡¡¿POR QUÉ?!!
PORQUE ES TU ABUELO
¡¡NOOO, ABUELO, AQUÍ NO; ESTÁN POR LLEGAR MIS AMIGAS!!

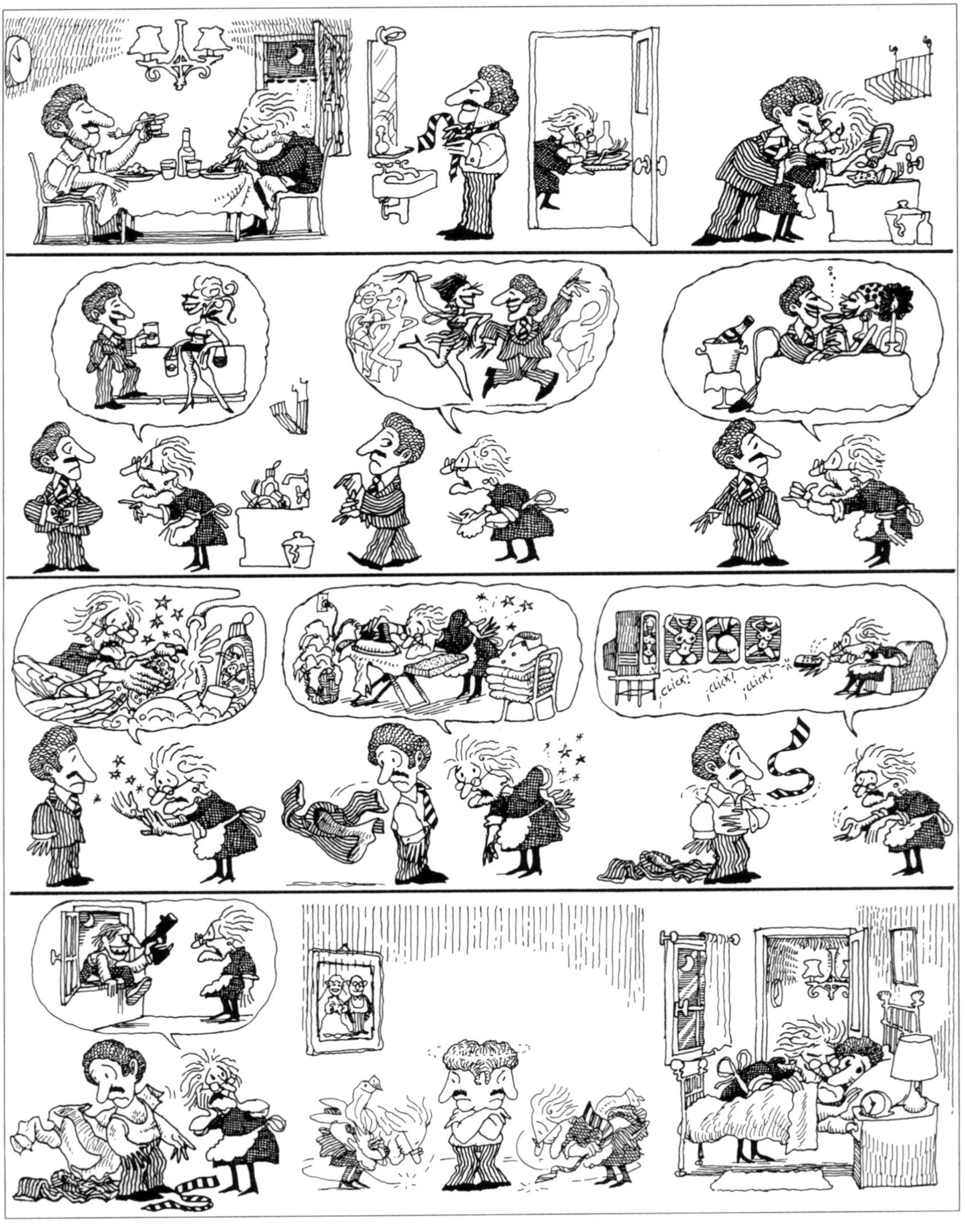
¡CLICK!
¡CLICK!
¡CLICK!

DISCULPE, JOVEN, ¿ESTE PAÍS TIENE SALIDA AL FUTURO?

POR SUPUESTO. PARA TERCERA EDAD PISO 14. AL SALIR DEL ASCENSOR, ENFRENTE VERÁ LA PUERTA

AH, ¿Y NO ESTARÁ CERRADA, NO?

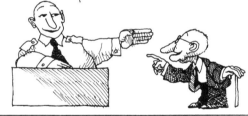
¡NOOOO,.... CON PICAPORTE NOMÁS, VAYA TRANQUILO, ABUELO!

49

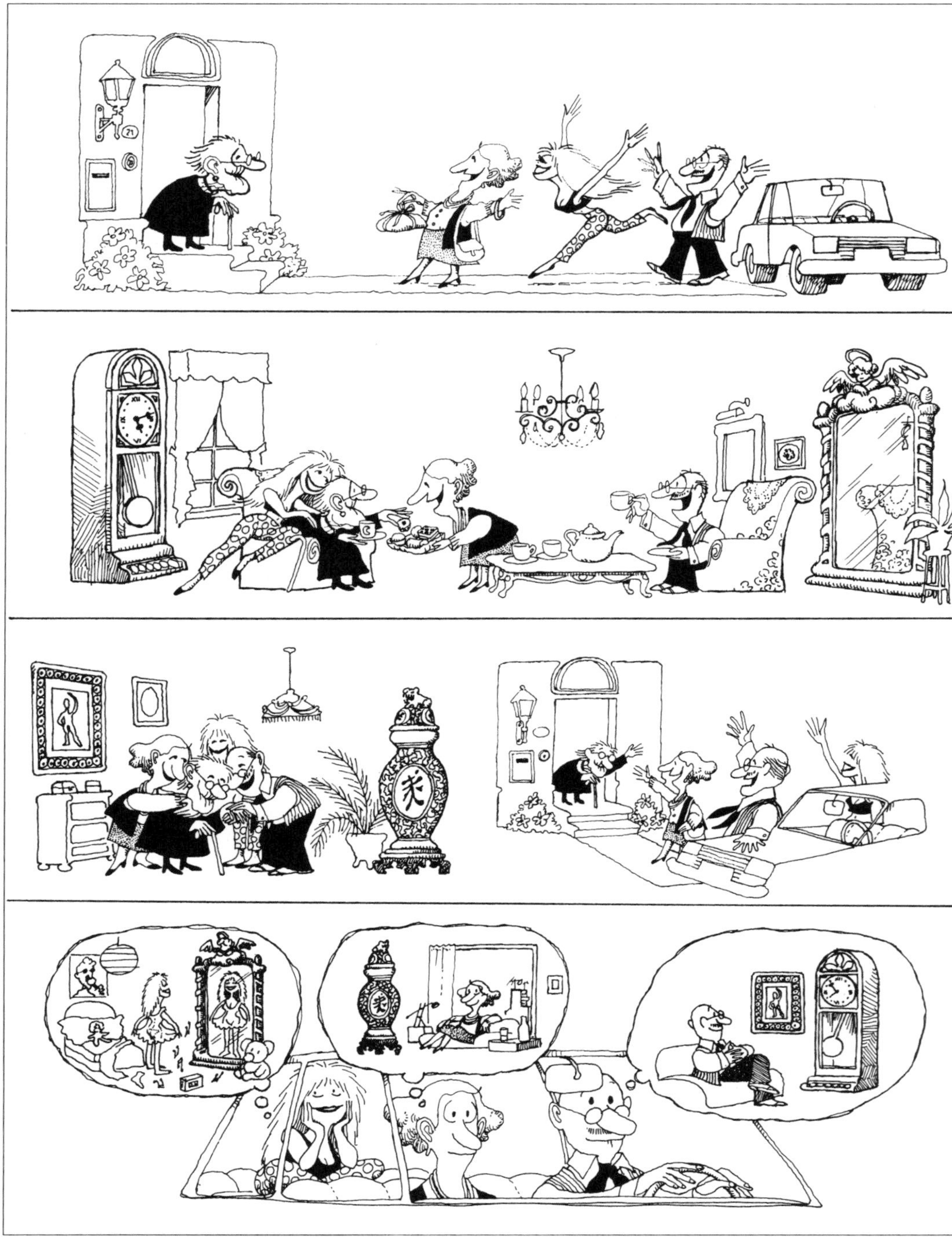

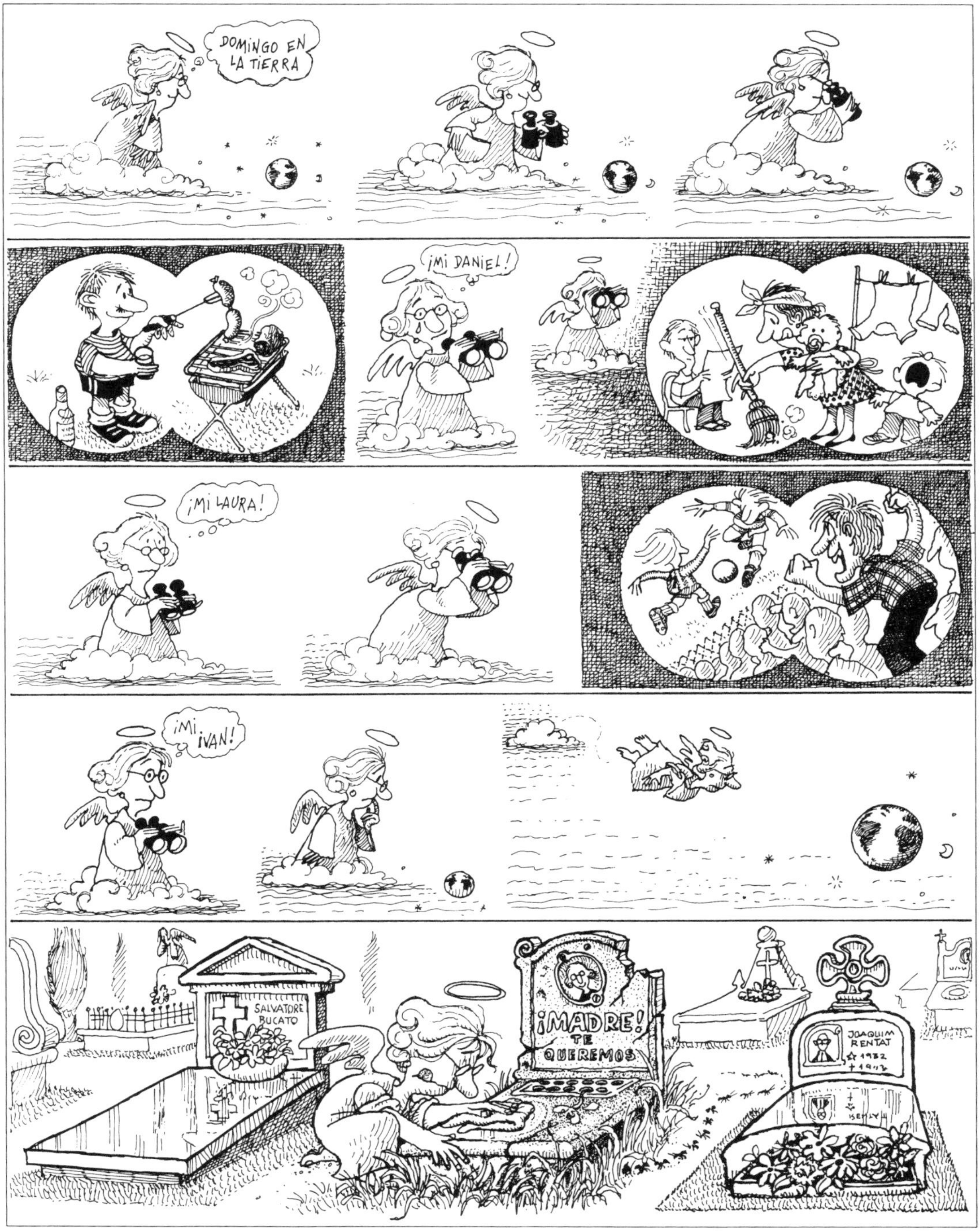
DOMINGO EN LA TIERRA
¡MI DANIEL!
¡MI LAURA!
¡MI IVAN!
SALVATORE BUCATO
¡MADRE! TE QUEREMOS
JOAQUIM RENTAT
1932

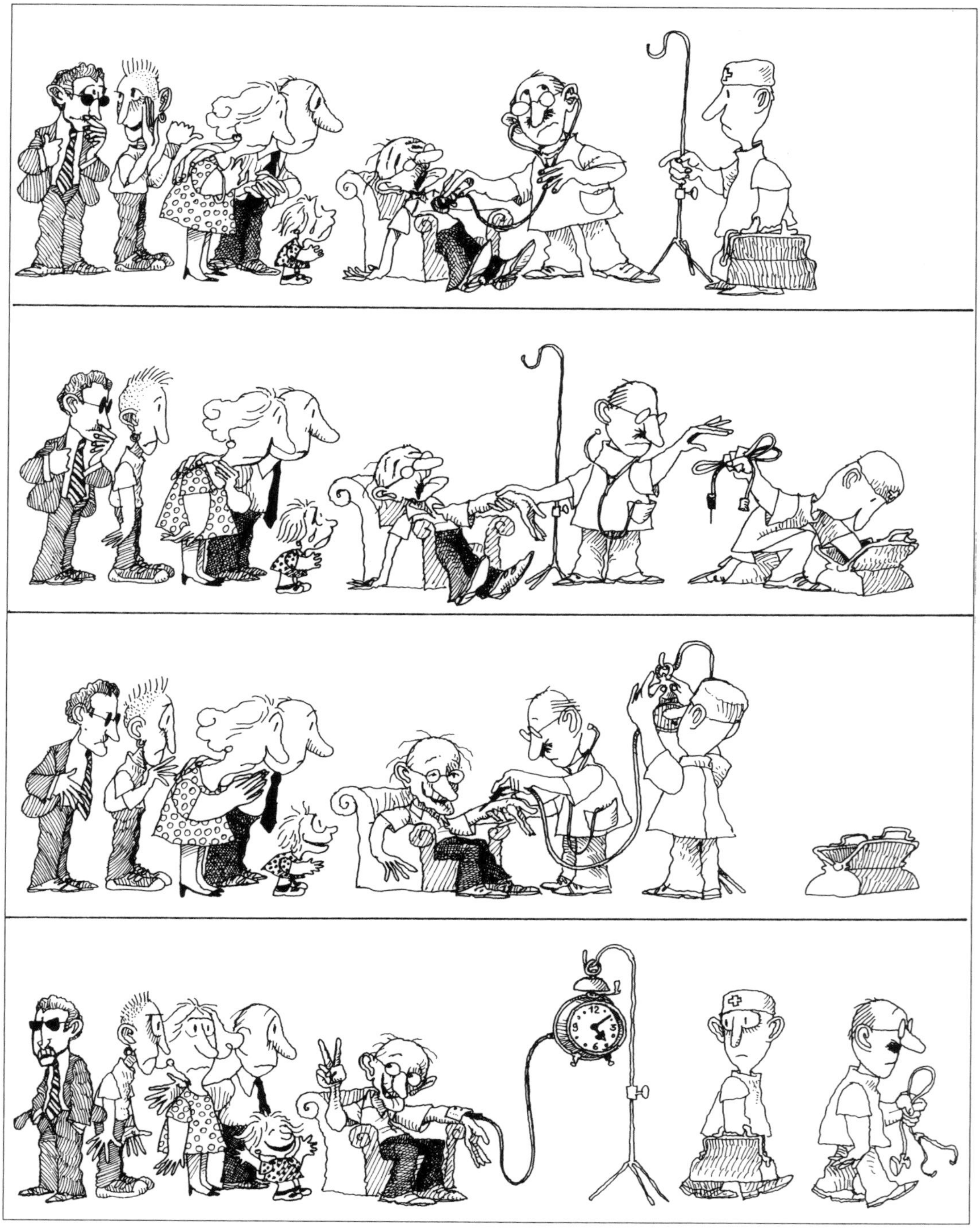

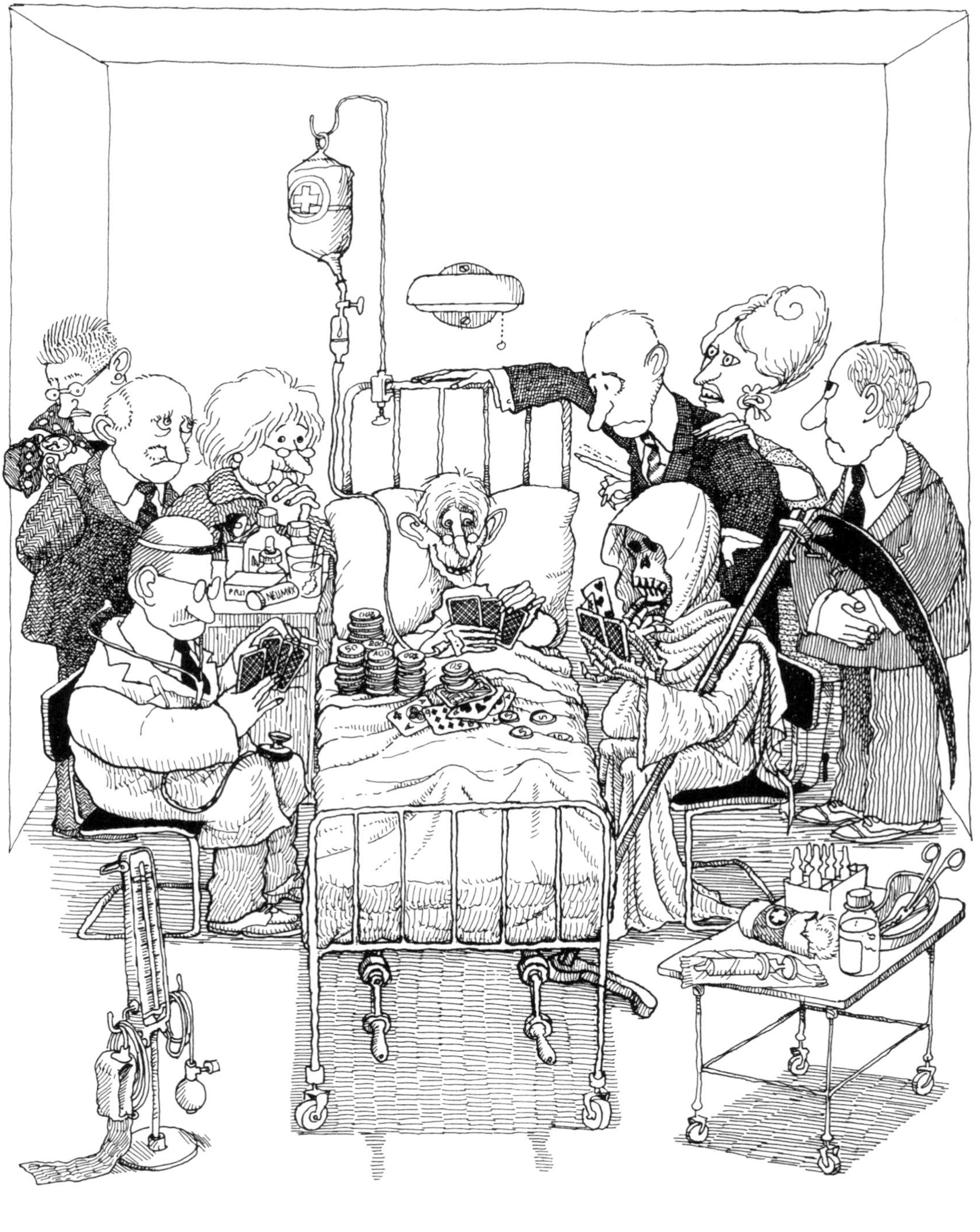

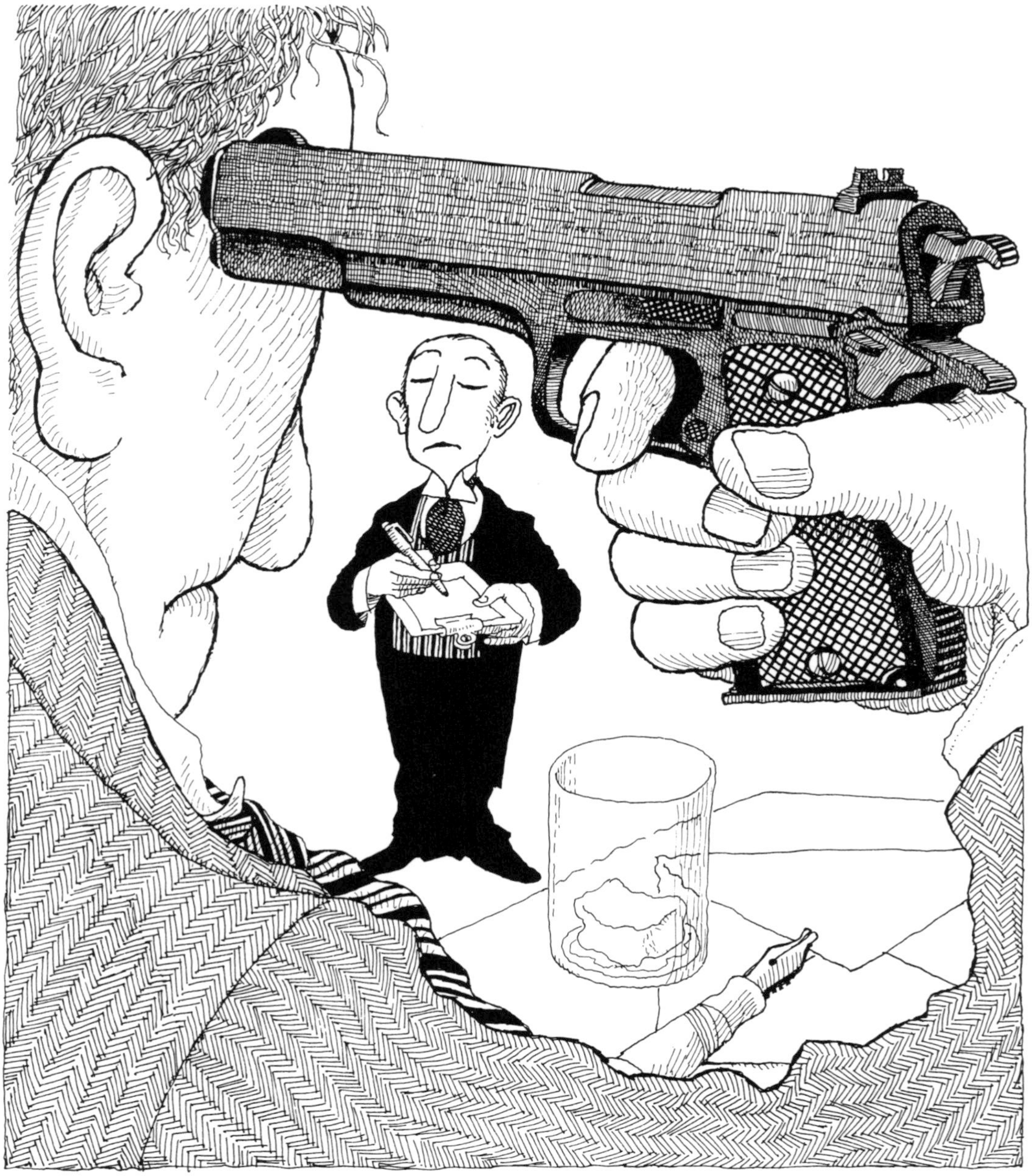

–EL SEÑOR DISCULPE, PERO PARA NOTIFICAR A TODAS LAS PERSONAS QUE YA HAN SIDO INVITADAS, ¿CUÁL SERÍA EL TERMINO CORRECTO: EL SEÑOR LA FIESTA LA POSTERGA, LA SUSPENDE, LA ANULA O LA CANCELA?

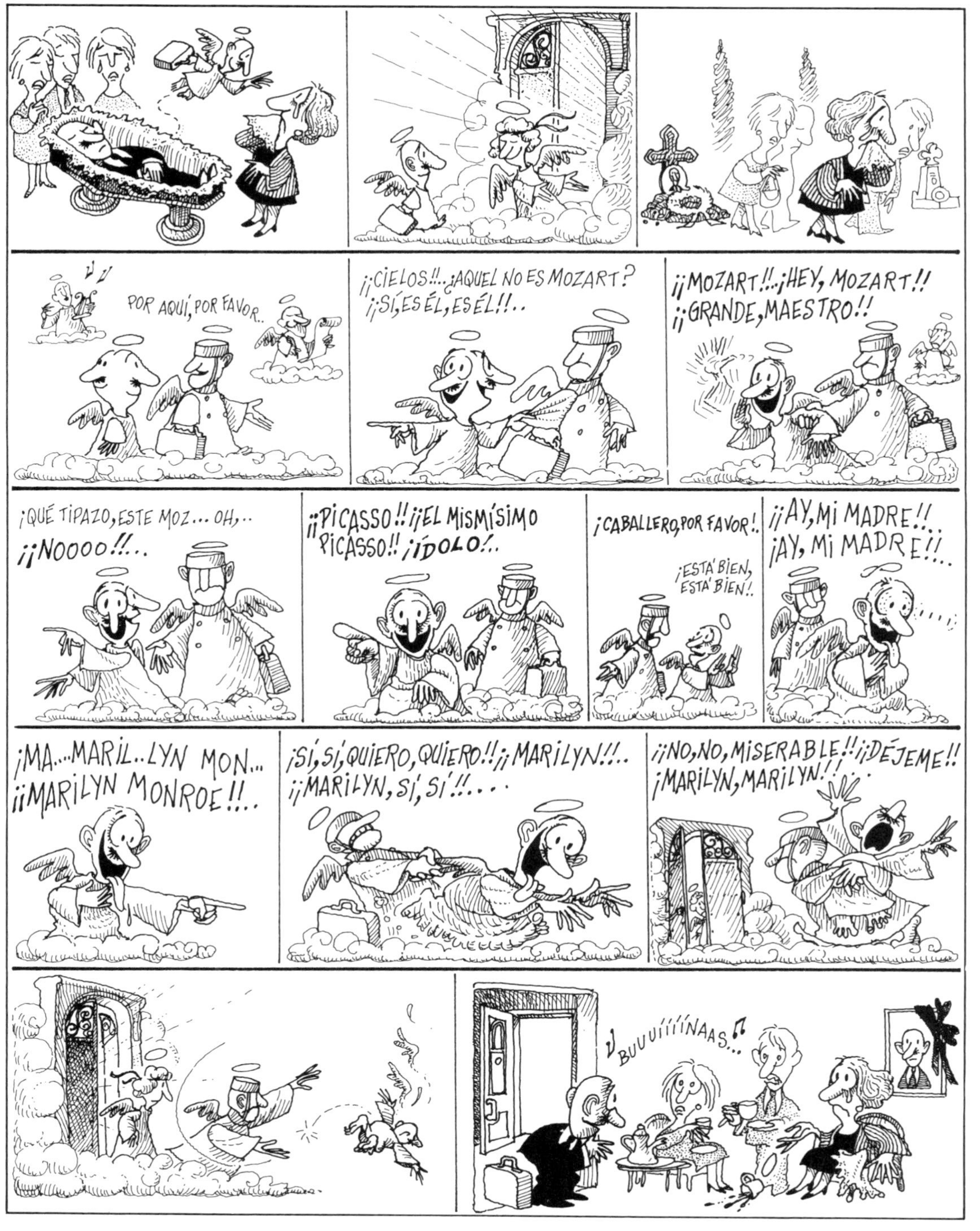
POR AQUÍ, POR FAVOR..
¡¡CIELOS!!.. ¿AQUEL NO ES MOZART?
¡¡SÍ, ES ÉL, ES ÉL!!..
¡¡MOZART!!..¡HEY, MOZART!!
¡¡GRANDE, MAESTRO!!
¡QUÉ TIPAZO, ESTE MOZ... OH,..
¡¡NOOOO!!...
¡¡PICASSO!! ¡¡EL MISMÍSIMO PICASSO!! ¡ÍDOLO!..
¡CABALLERO, POR FAVOR!.
¡ESTÁ BIEN, ESTÁ BIEN!.
¡¡AY, MI MADRE!!..
¡AY, MI MADRE!!...
¡MA...MARIL..LYN MON...
¡¡MARILYN MONROE!!..
¡SÍ, SÍ, QUIERO, QUIERO!! ¡¡MARILYN!!..
¡¡MARILYN, SÍ, SÍ!!....
¡¡NO, NO, MISERABLE!! ¡¡DÉJEME!!
¡MARILYN, MARILYN!!...
BUUUÍÍÍÍNAAS...

 ¡MMMH,... EL VINO!!

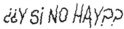

PERO, DIGO YO......

 ...EN EL MÁS ALLÁ ¿HABRÁ VI...? ¡¡UY-UY, A VER SI NO HAY VINO EN EL MÁS ALLÁ!!!!

 NO, UN MOMENTO, ¡CALMA! ¿CÓMO NO VA A HABER? ¿ESTAMOS TODOS LOCOS AHORA?

¿¿Y SI NO HAY??

¡PADRE!... ¡PADRE!...

¡PADRE, TENGO UNA DUDA!! EN EL MÁS ALLÁ: ¿HAY TEN, HIJO

EL "NUEVO TESTAMENTO", EN LA PALABRA DEL SEÑOR HALLARÁS LA RESPUESTA A CUALQUIER DUDA.

S.MATEO 26. 29) Y OS DIGO QUE DESDE AHORA NO BEBERÉ MÁS DE ESTE FRUTO DE LA VID, HASTA AQUEL DÍA EN QUE LO BEBA NUEVO CON VOSOTROS EN EL REINO DE MI PADRE.

!

S.MARCOS 14. 25) EN VERDAD OS DIGO QUE DE HOY NO BEBERÉ YA DE ESTE FRUTO DE LA VID, HASTA EL DÍA EN QUE LO BEBA NUEVO EN EL REINO DE DIOS.

S.LUCAS 22. 18) PORQUE OS DIGO QUE NO BEBERÉ MÁS DEL FRUTO DE LA VID, HASTA QUE EL REINO DE DIOS VENGA.

¡¡¡YYYjjjjiúúúújHUUUúúu!!!!...

 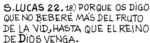 

BIBLIOGRAFÍA:
"EL NUEVO TESTAMENTO" The Gideons Intern. Ed. 1988
"LA SANTA BIBLIA" Sociedades Bíblicas Unidas. Ed. 1965
"SAGRADA BIBLIA" Edit. Herder. Barcelona. Ed. 1979

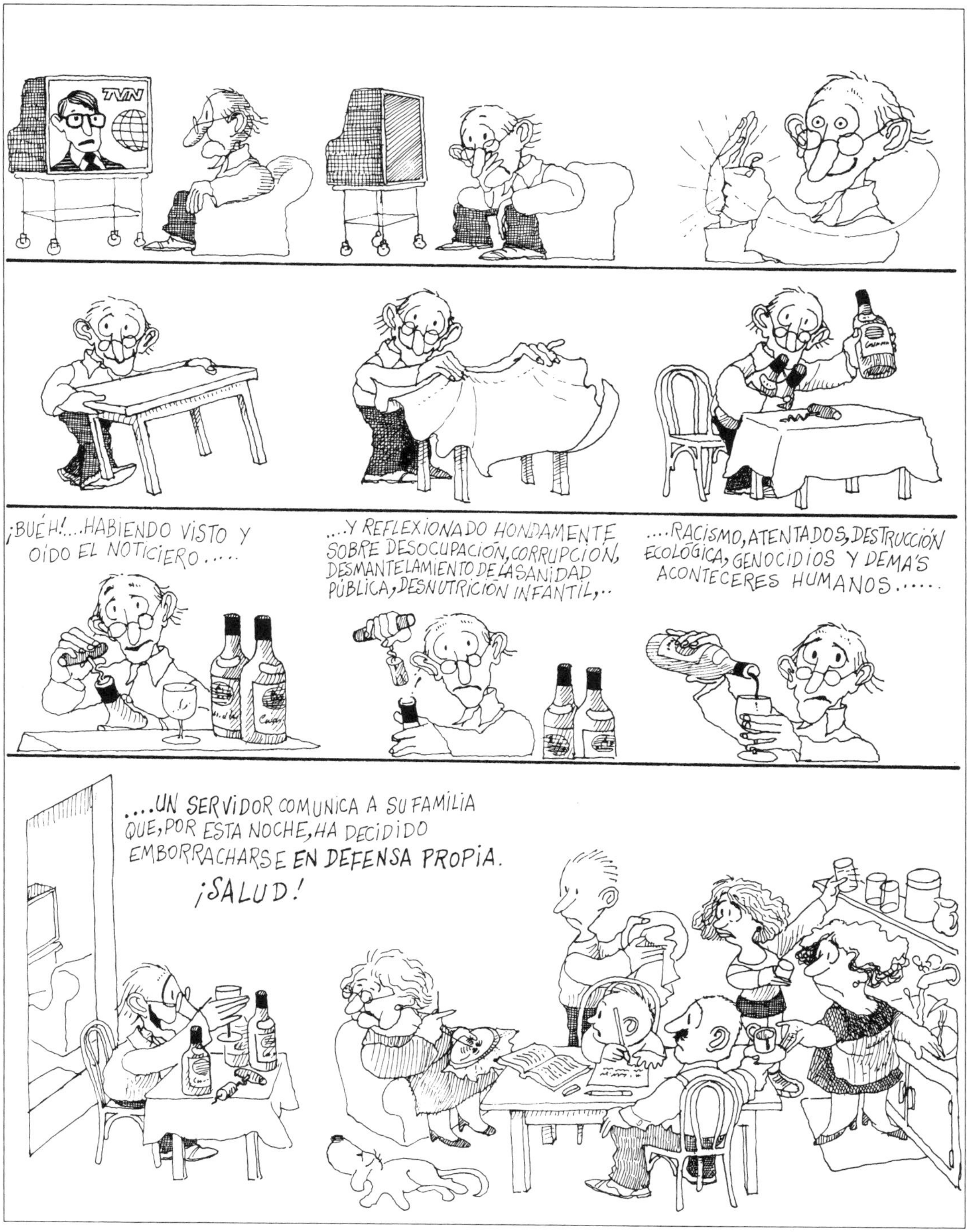
¡BUÉH!....HABIENDO VISTO Y OÍDO EL NOTICIERO.....
....Y REFLEXIONADO HONDAMENTE SOBRE DESOCUPACIÓN, CORRUPCIÓN, DESMANTELAMIENTO DE LA SANIDAD PÚBLICA, DESNUTRICIÓN INFANTIL,..
....RACISMO, ATENTADOS, DESTRUCCIÓN ECOLÓGICA, GENOCIDIOS Y DEMÁS ACONTECERES HUMANOS.....
....UN SERVIDOR COMUNICA A SU FAMILIA QUE, POR ESTA NOCHE, HA DECIDIDO EMBORRACHARSE EN DEFENSA PROPIA.
¡SALUD!

DIAGNÓSTICO DIFÍCIL, DOCTORA: COMO EL PACIENTE FUE CONCEBIDO "IN VITRO" NO SABEMOS SI ESTAMOS ANTE UN CASO DE ALCOHOLISMO, O DE AMOR FILIAL.

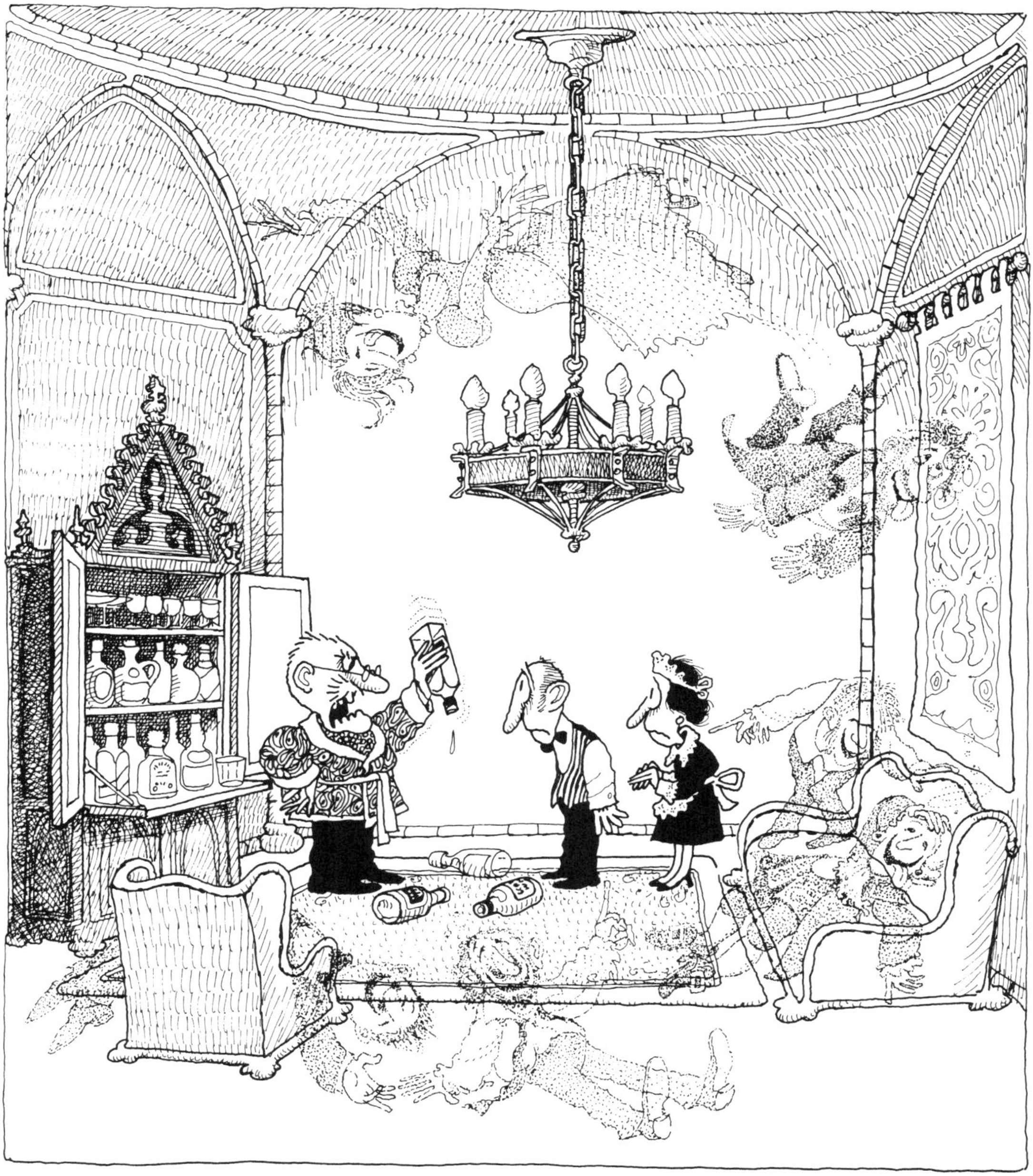

—¡¡NOOO, CLAAARO, USTEDES NO SABEN NADA, DE MI WHISKY!!... ¡¡JAMÁS LO PROBARON, MI WHISKY!!, ¡DEBEN SER LOS FANTASMAS, QUE SE BEBEN MI WHISKY!!.

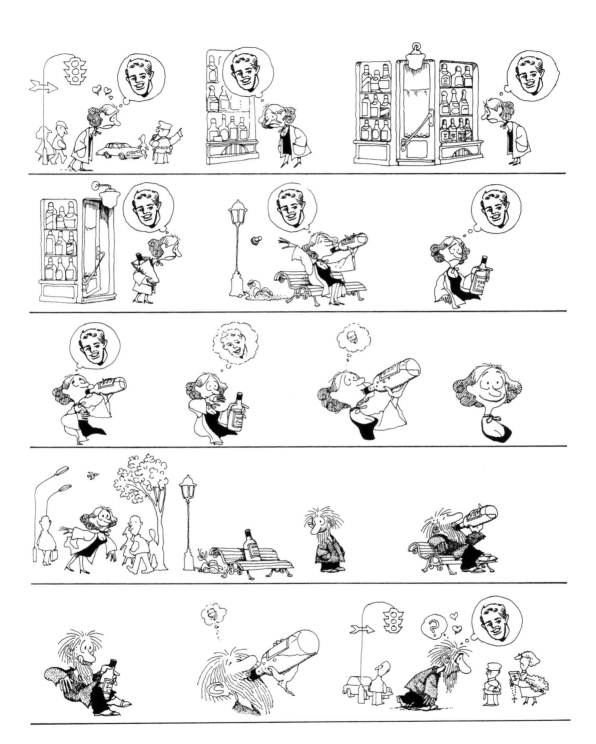

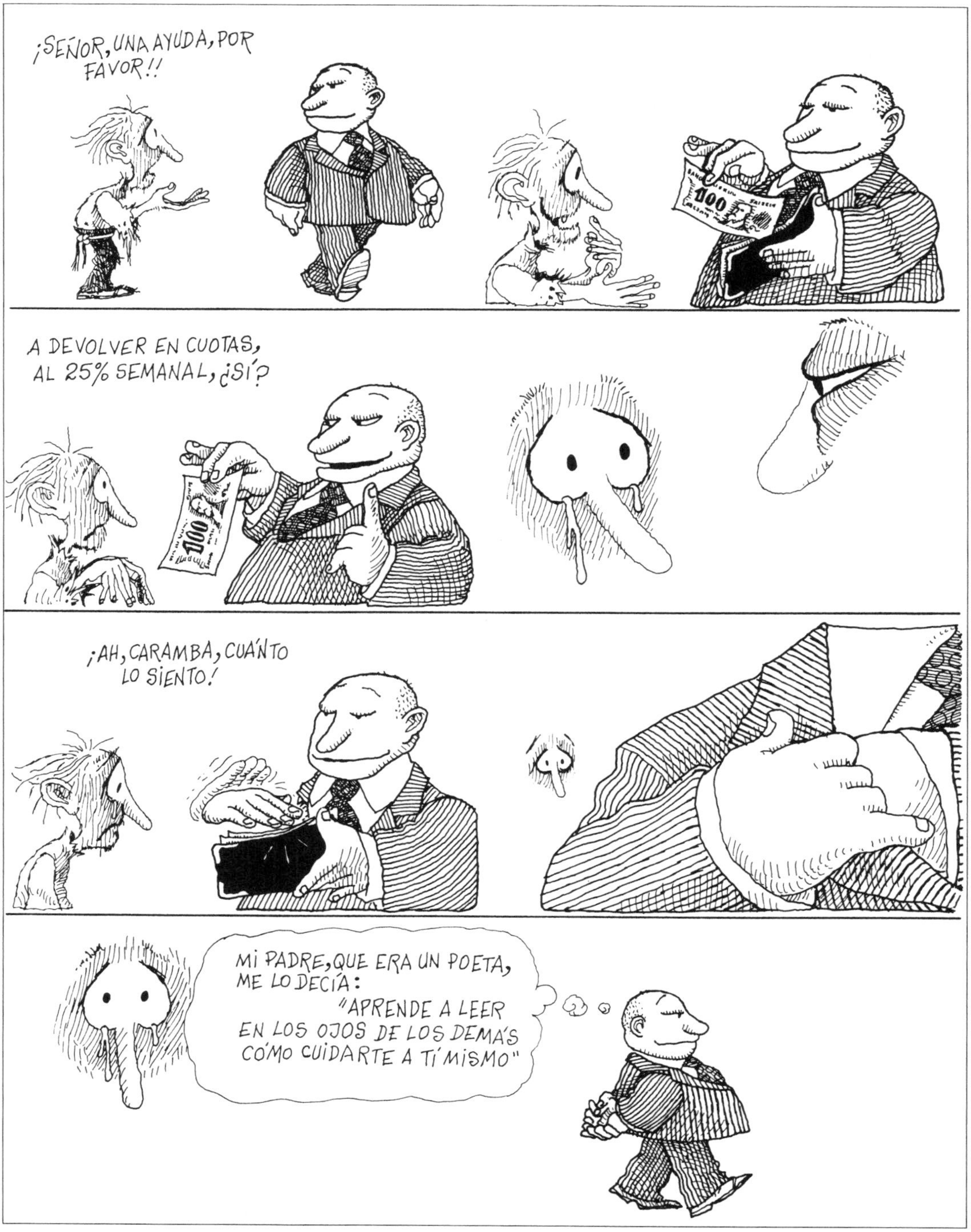
¡SEÑOR, UNA AYUDA, POR FAVOR!!
A DEVOLVER EN CUOTAS, AL 25% SEMANAL, ¿SÍ?
¡AH, CARAMBA, CUÁNTO LO SIENTO!
MI PADRE, QUE ERA UN POETA, ME LO DECÍA: "APRENDE A LEER EN LOS OJOS DE LOS DEMÁS CÓMO CUIDARTE A TI MISMO"

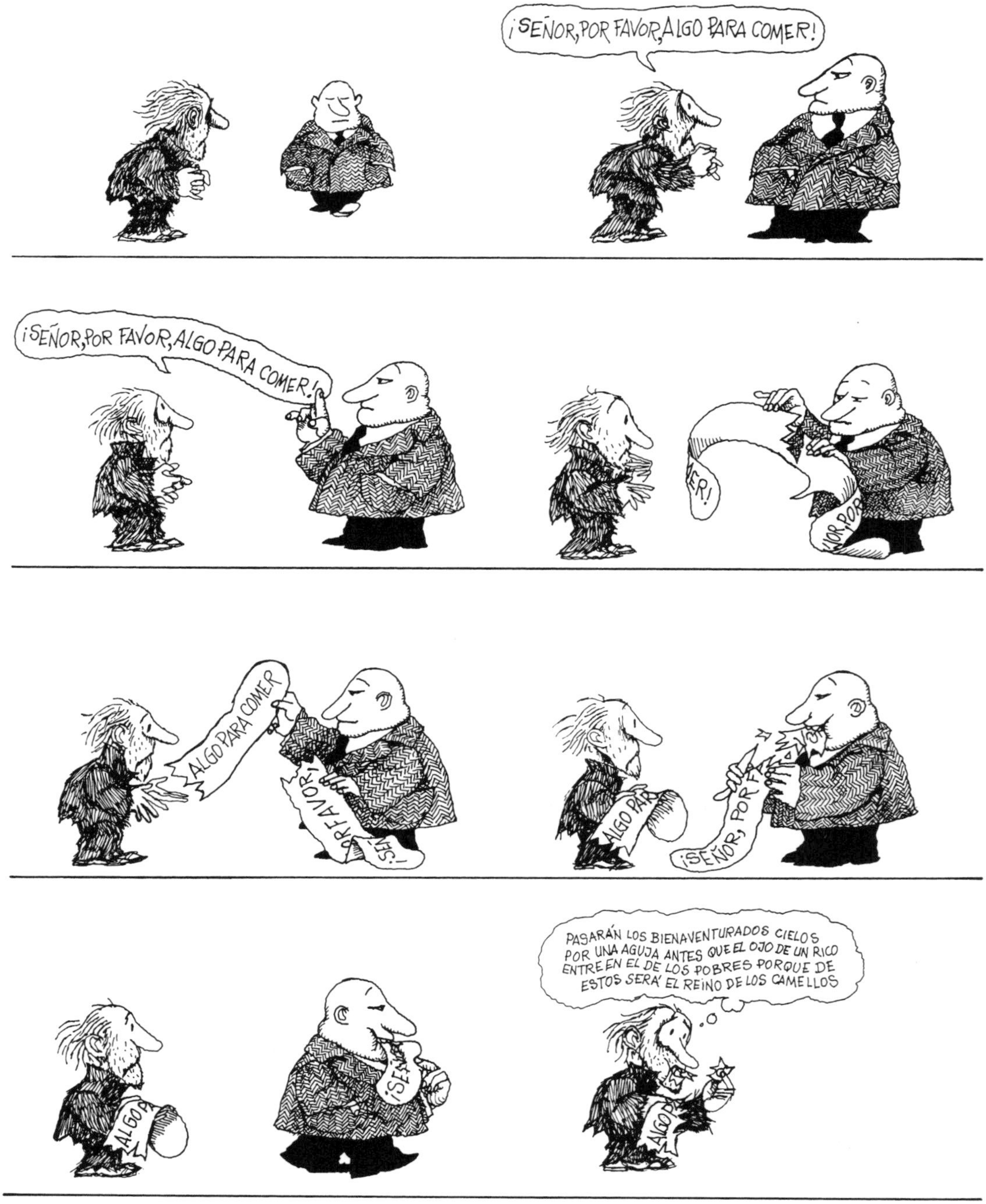
¡SEÑOR, POR FAVOR, ALGO PARA COMER!
¡SEÑOR, POR FAVOR, ALGO PARA COMER!
ALGO PARA COMER
PASARÁN LOS BIENAVENTURADOS CIELOS POR UNA AGUJA ANTES QUE EL OJO DE UN RICO ENTRE EN EL DE LOS POBRES PORQUE DE ESTOS SERÁ EL REINO DE LOS CAMELLOS

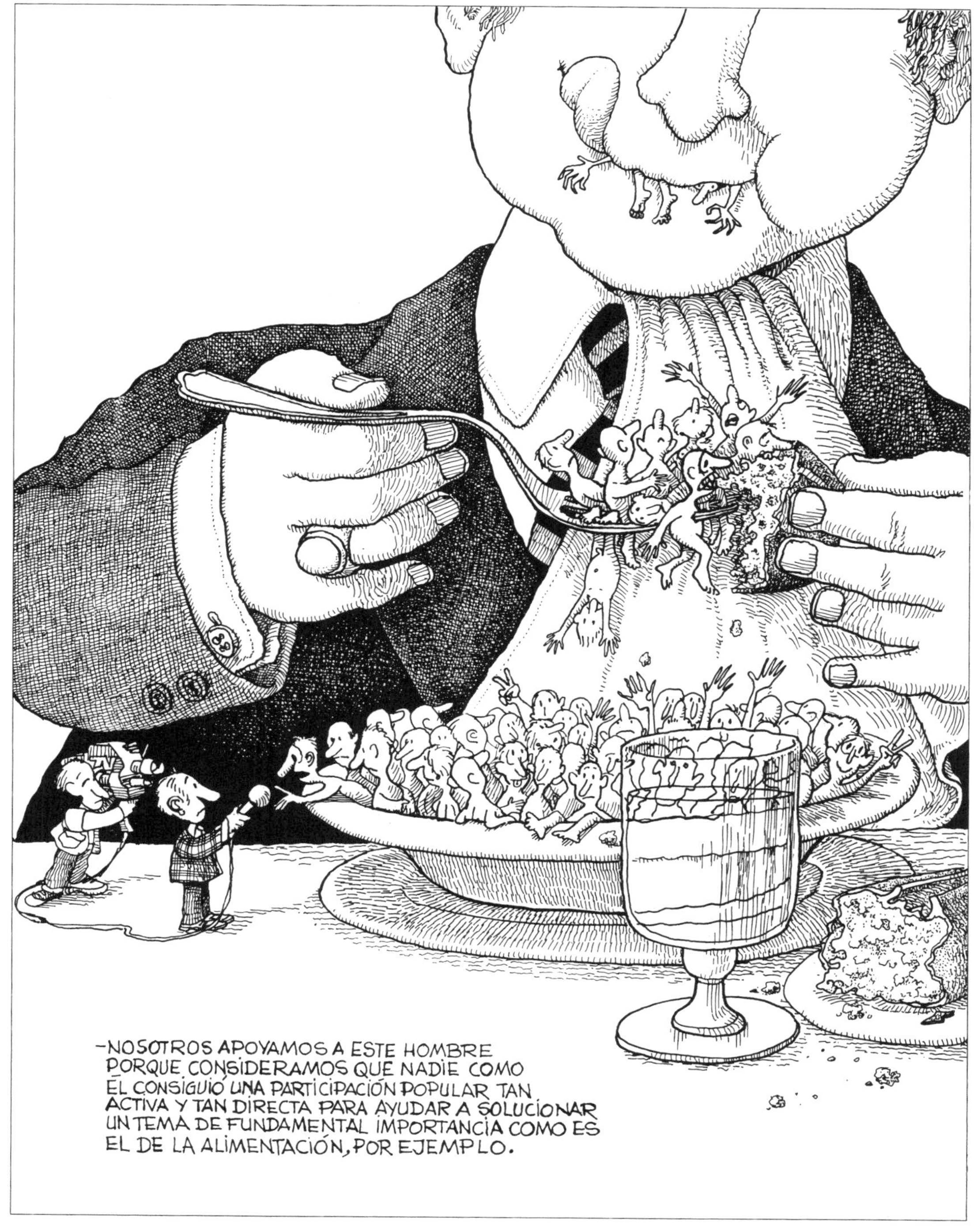
—NOSOTROS APOYAMOS A ESTE HOMBRE PORQUE CONSIDERAMOS QUE NADIE COMO ÉL CONSIGUIÓ UNA PARTICIPACIÓN POPULAR TAN ACTIVA Y TAN DIRECTA PARA AYUDAR A SOLUCIONAR UN TEMA DE FUNDAMENTAL IMPORTANCIA COMO ES EL DE LA ALIMENTACIÓN, POR EJEMPLO.

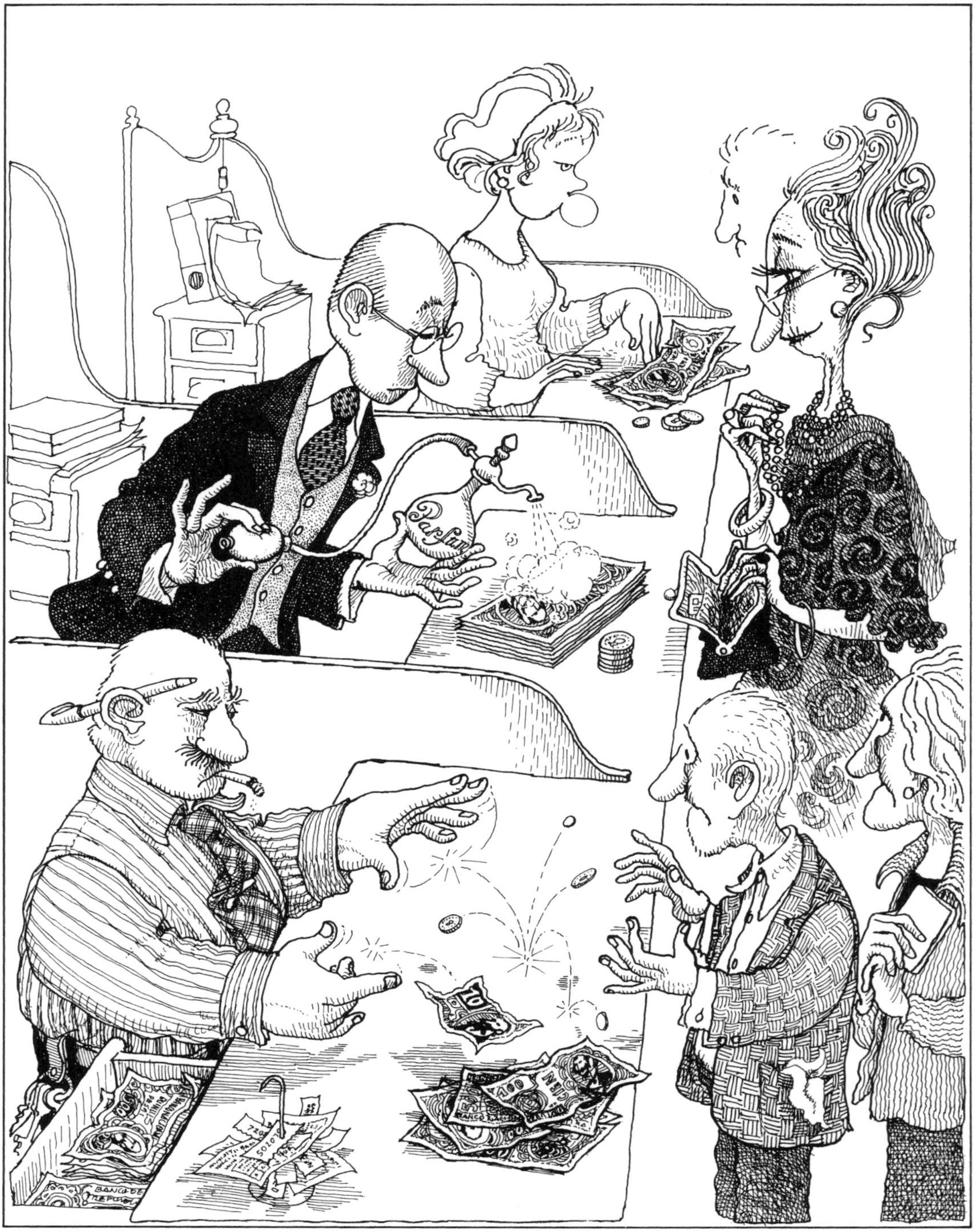
Parfum

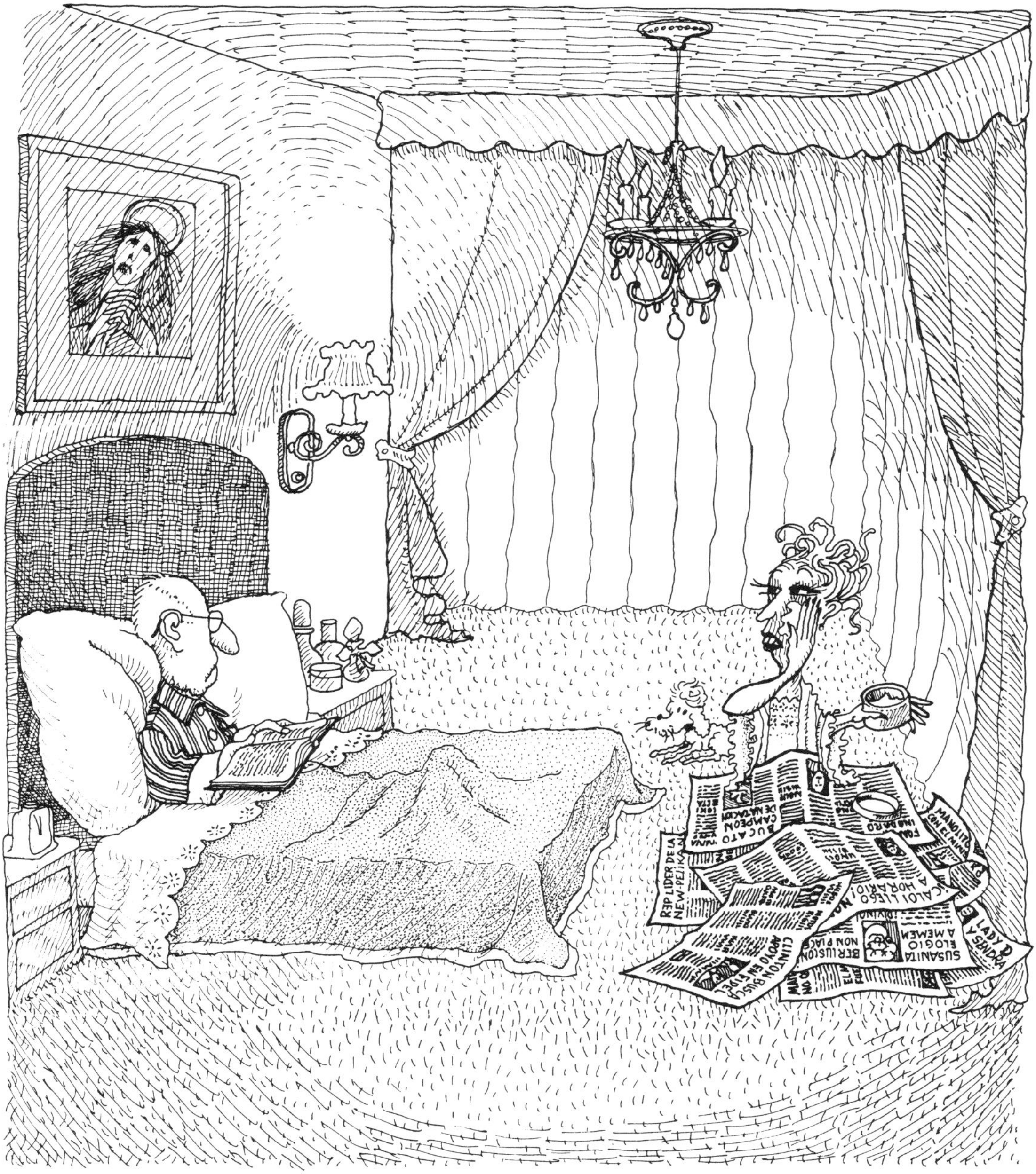

–POR FAVOR, SEBASTIAN; LA ÚNICA MANERA DE PODER CONVIVIR HOY CON TANTOS MILLONES DE POBRES COMO HAY EN EL MUNDO ES ACERCARSE A SUS COSTUMBRES PARA TRATAR DE COMPRENDERLOS. ¿POR QUÉ DUERMEN EN EL SUELO, POR EJEMPLO? DEBO SENTIRLO POR MÍ MISMA. Y NO INTENTES DISUADIRME, PORQUE NO LO CONSEGUIRÁS.

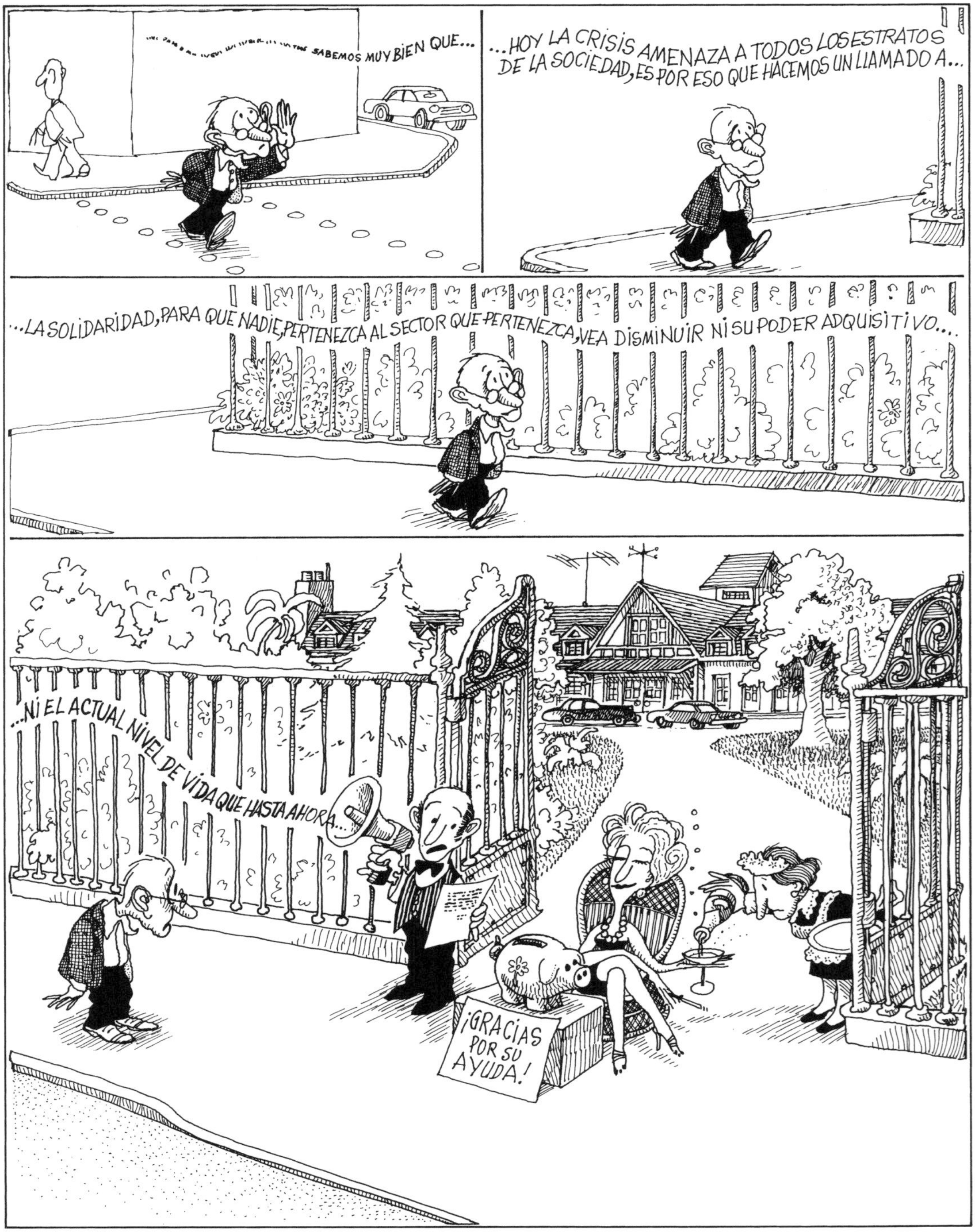
SABEMOS MUY BIEN QUE...
...HOY LA CRISIS AMENAZA A TODOS LOS ESTRATOS DE LA SOCIEDAD, ES POR ESO QUE HACEMOS UN LLAMADO A...
...LA SOLIDARIDAD, PARA QUE NADIE, PERTENEZCA AL SECTOR QUE PERTENEZCA, VEA DISMINUIR NI SU PODER ADQUISITIVO...
...NI EL ACTUAL NIVEL DE VIDA QUE HASTA AHORA...
¡GRACIAS POR SU AYUDA!

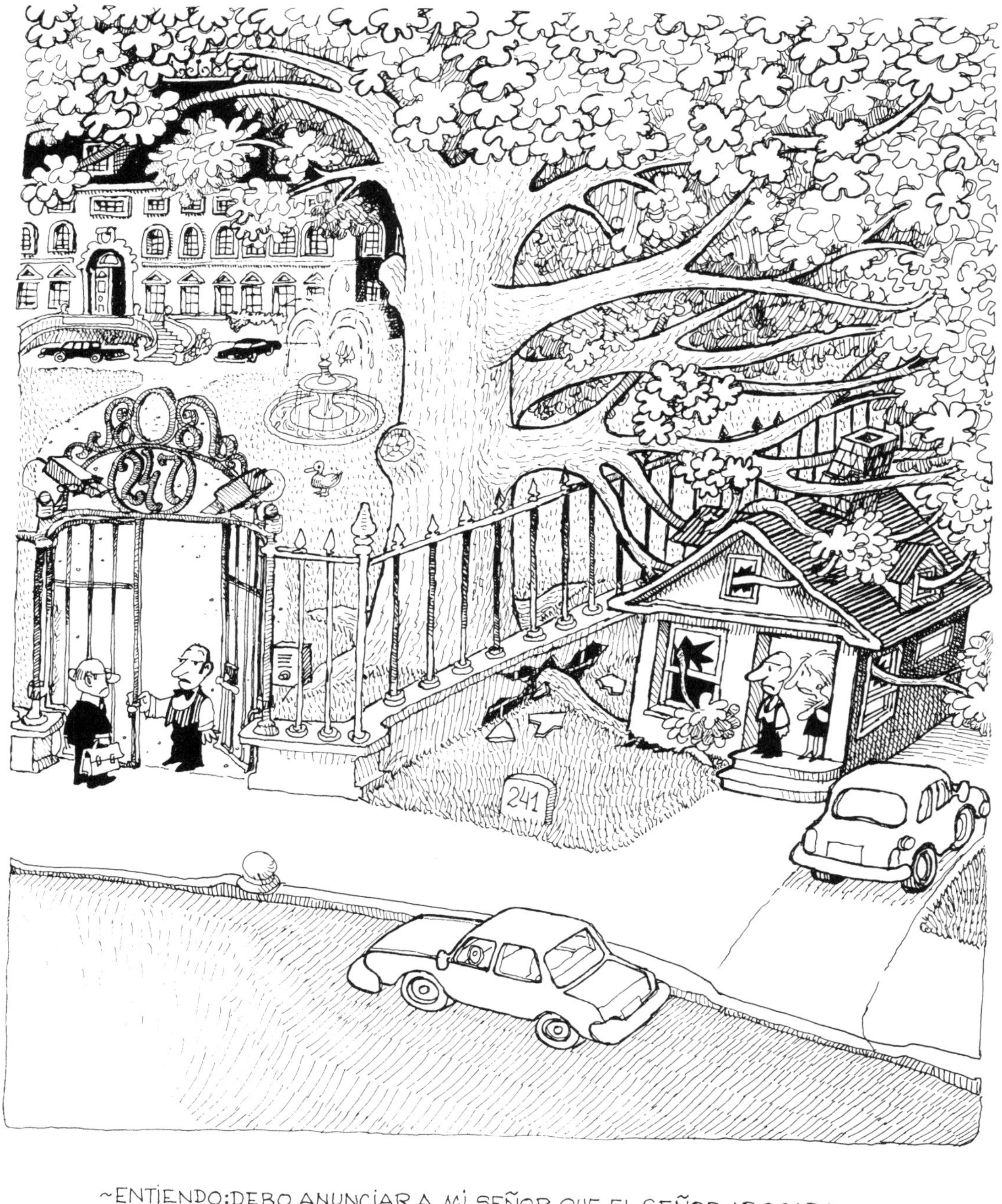
247
241

–ENTIENDO: DEBO ANUNCIAR A MI SEÑOR QUE EL SEÑOR ABOGADO DE LOS SEÑORES VECINOS DESEA VERLO. ¿EL SEÑOR ABOGADO SABRÍA ANTICIPARME POR QUÉ ASUNTO ES, SI ES TAN AMABLE?

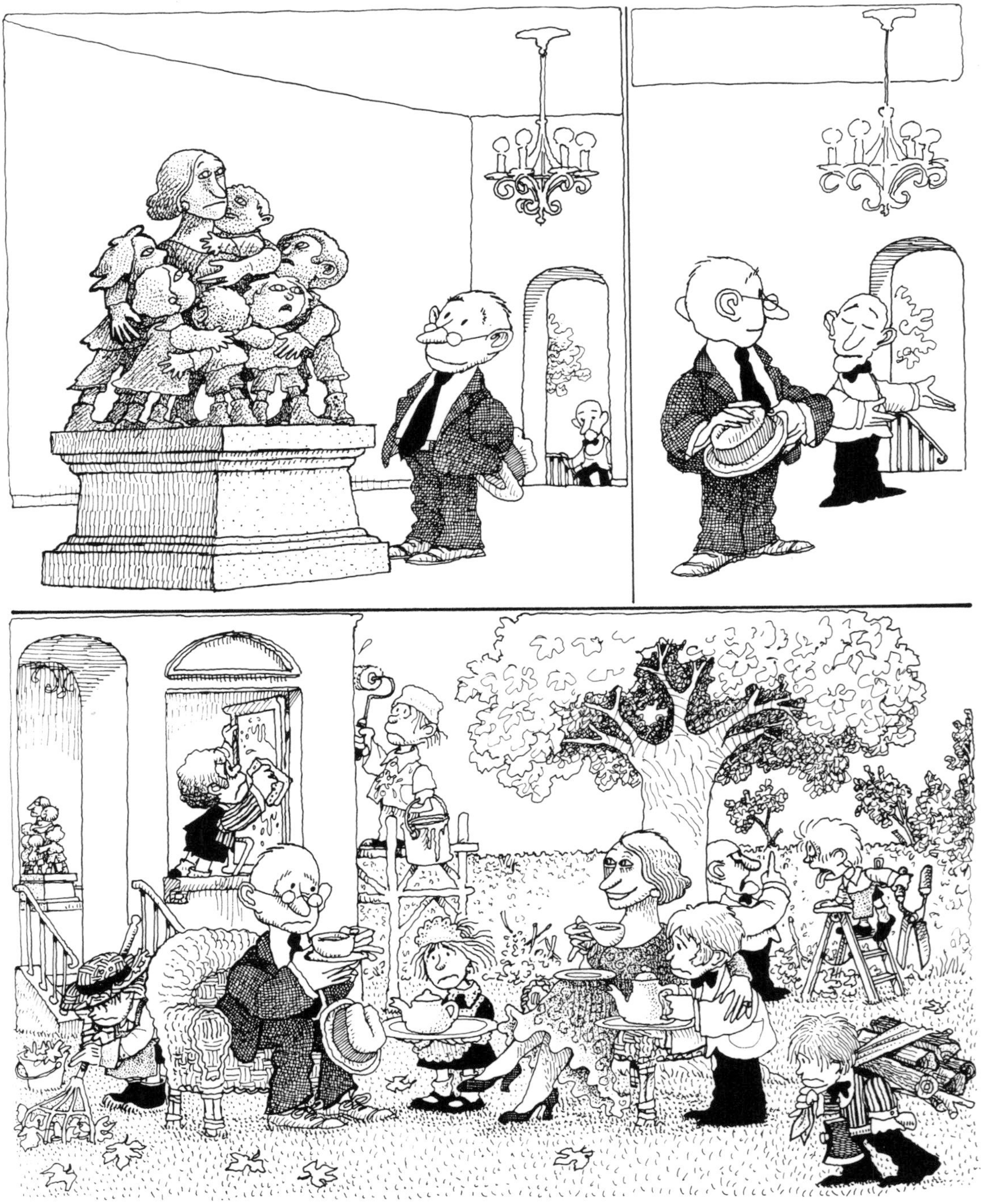

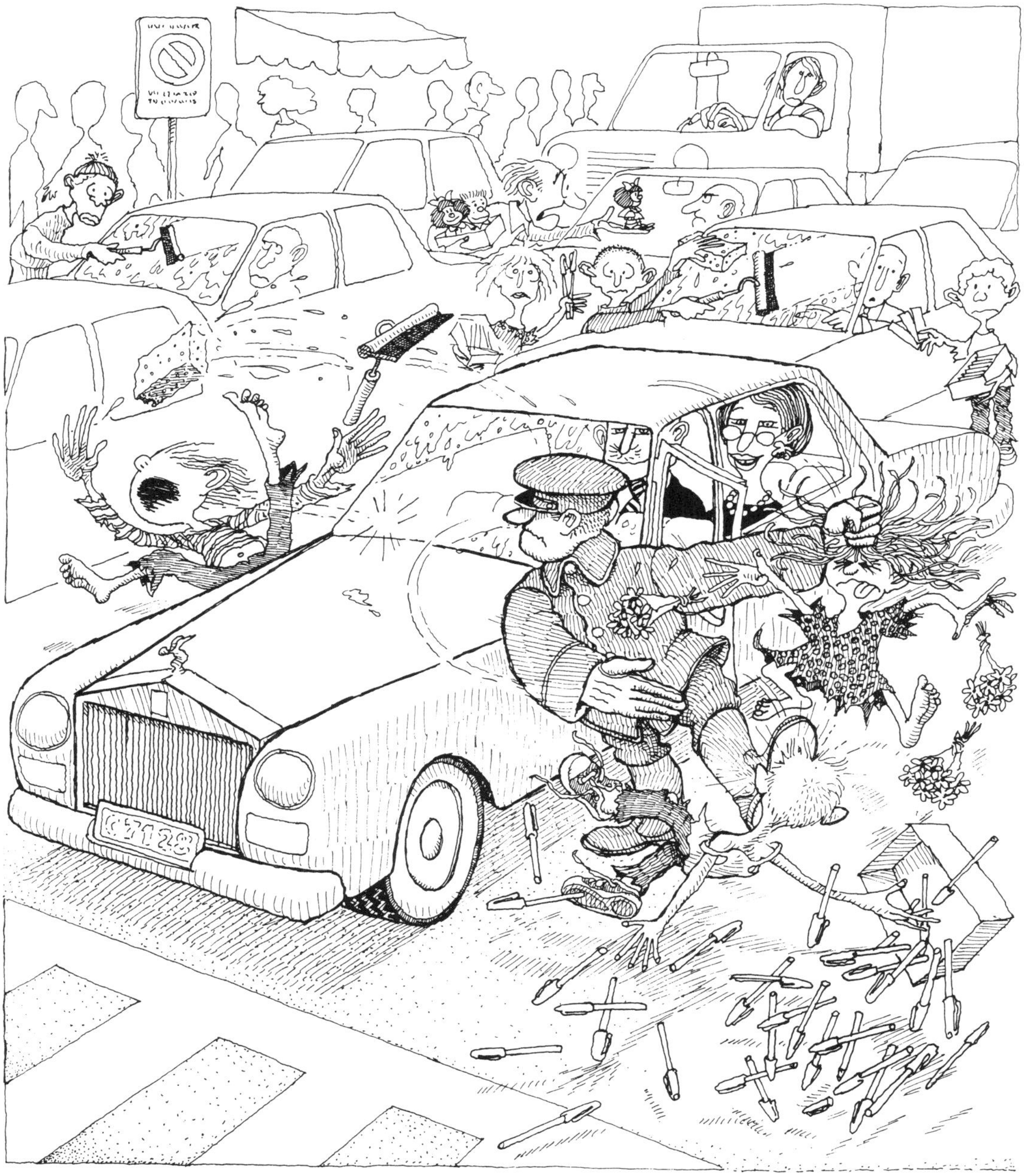

—A MÍ LO QUE ME GUSTA DE ESTE NUEVO CHOFER ES QUE SABE CÓMO RESOLVER CUALQUIER DETALLE QUE A UNO PUEDA DARLE EL MÁS MÍNIMO FASTIDIO.

¡BÁNG-BÁNG!
¡OUUGH!
¡RATATÁT!

¡¡OH, ÁNGEL DE LA GUARDA, SI EXISTES, LIBERA A MI HIJO DE TODA ESTA HORRENDA VIOLENCIA DE LA TELEVISIÓN!!

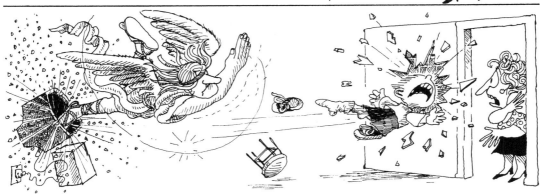

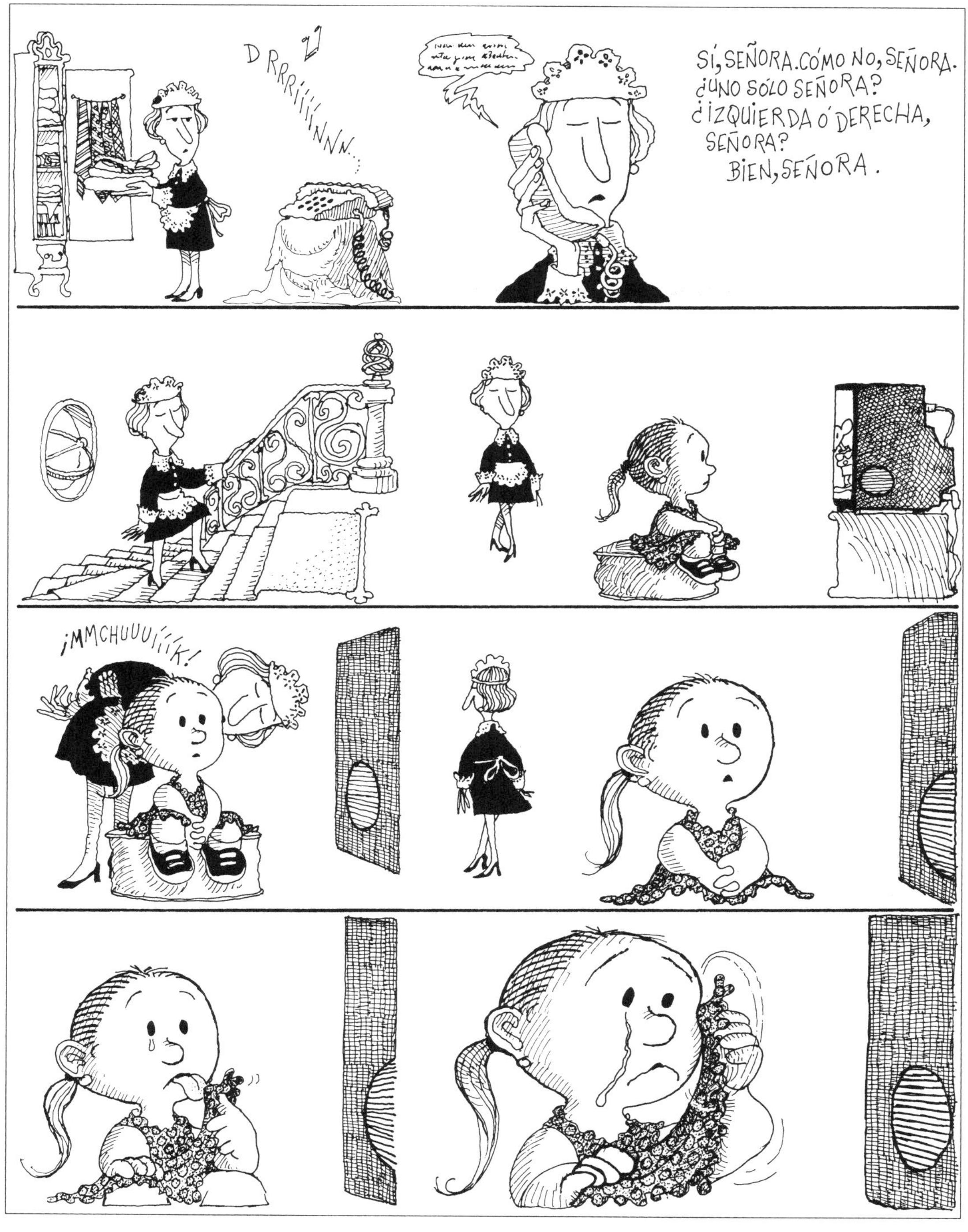
DRRRÍÍÍÍNNN...
SÍ, SEÑORA. CÓMO NO, SEÑORA.
¿UNO SÓLO SEÑORA?
¿IZQUIERDA Ó DERECHA, SEÑORA?
BIEN, SEÑORA.
¡MMCHUUUÍÍÍK!

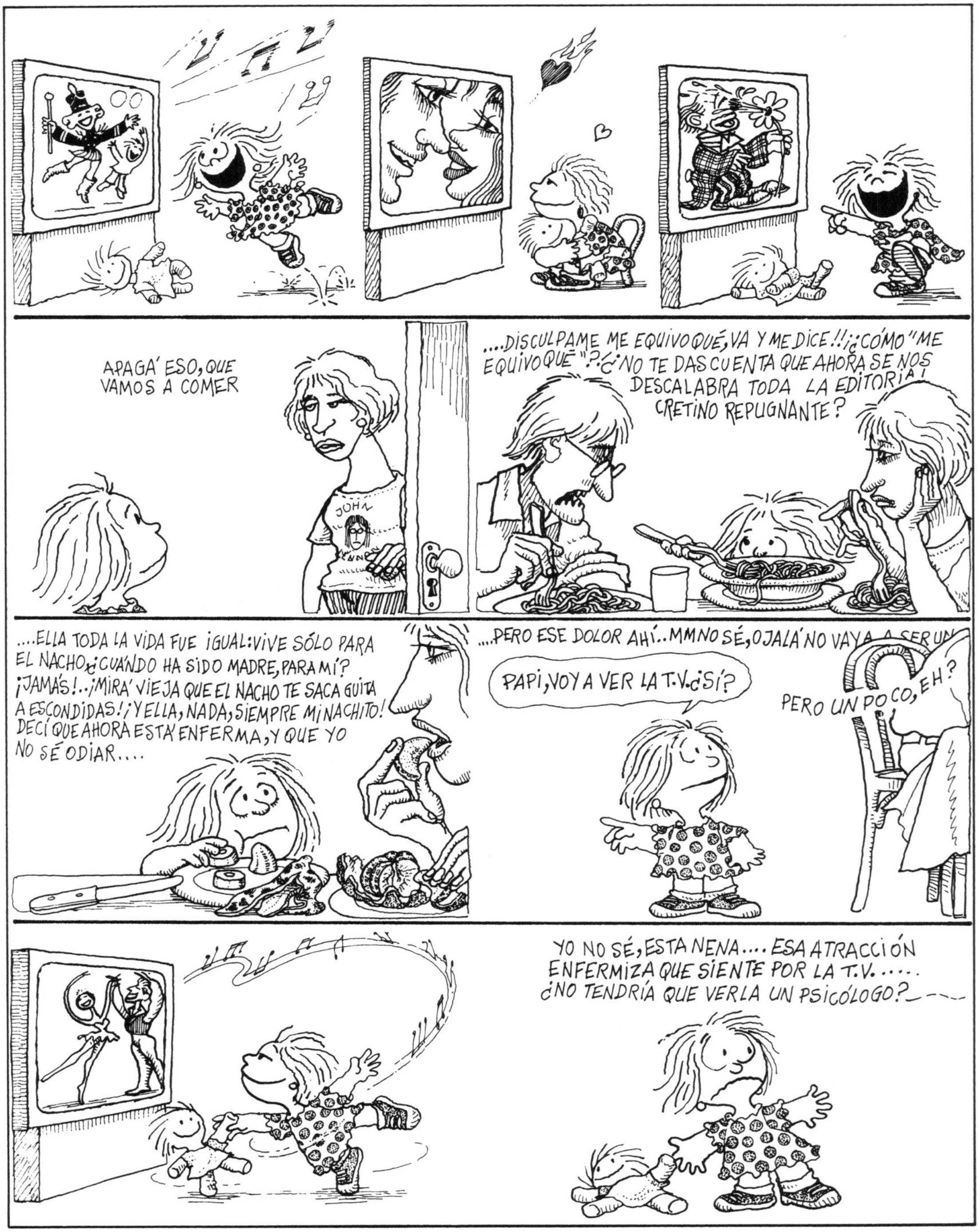
APAGÁ ESO, QUE VAMOS A COMER
....DISCULPAME ME EQUIVOQUÉ, VA Y ME DICE !! ¿CÓMO "ME EQUIVOQUÉ"? ¿NO TE DAS CUENTA QUE AHORA SE NOS DESCALABRA TODA LA EDITORIA
CRETINO REPUGNANTE?
....ELLA TODA LA VIDA FUE IGUAL: VIVE SÓLO PARA EL NACHO ¿CUÁNDO HA SIDO MADRE, PARA MÍ? ¡JAMÁS!..¡MIRÁ VIEJA QUE EL NACHO TE SACA GUITA A ESCONDIDAS! ¡Y ELLA, NADA, SIEMPRE MI NACHITO! DECÍ QUE AHORA ESTÁ ENFERMA, Y QUE YO NO SÉ ODIAR....
....PERO ESE DOLOR AHÍ..MMNO SÉ, OJALÁ NO VAYA A SER UN
PAPI, VOY A VER LA T.V. ¿SÍ?
PERO UN POCO, EH?
YO NO SÉ, ESTA NENA.... ESA ATRACCIÓN ENFERMIZA QUE SIENTE POR LA T.V..... ¿NO TENDRÍA QUE VERLA UN PSICÓLOGO?

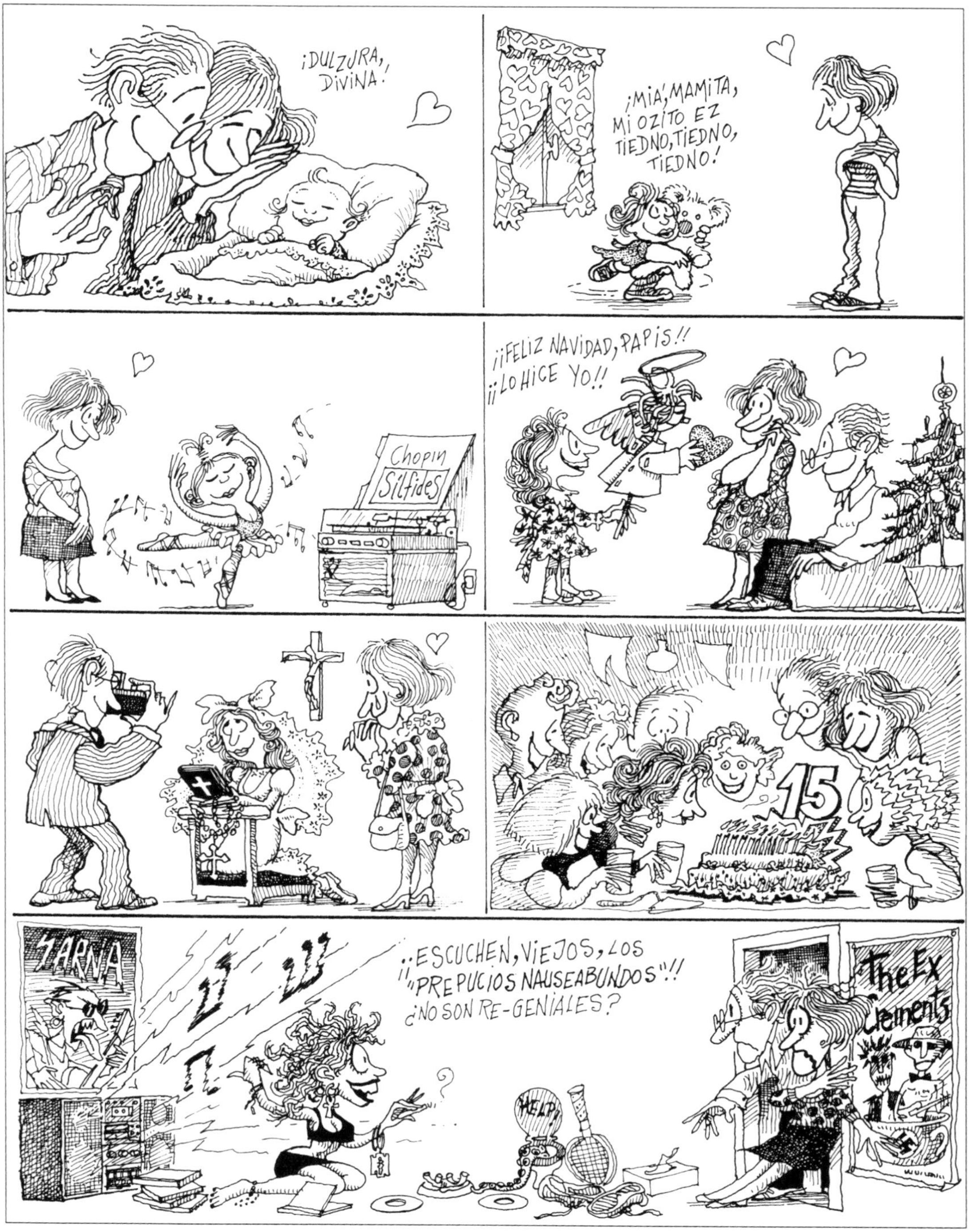

¡DULZURA, DIVINA!
¡MÍA, MAMITA, MI OZITO EZ TIEDNO, TIEDNO, TIEDNO!
Chopin
Silfides
¡¡FELIZ NAVIDAD, PAPIS!!
¡¡LO HICE YO!!
15
SARNA
¡¡ESCUCHEN, VIEJOS, LOS "PREPUCIOS NAUSEABUNDOS"!!
¿NO SON RE-GENIALES?
HELP
The Ex Clements

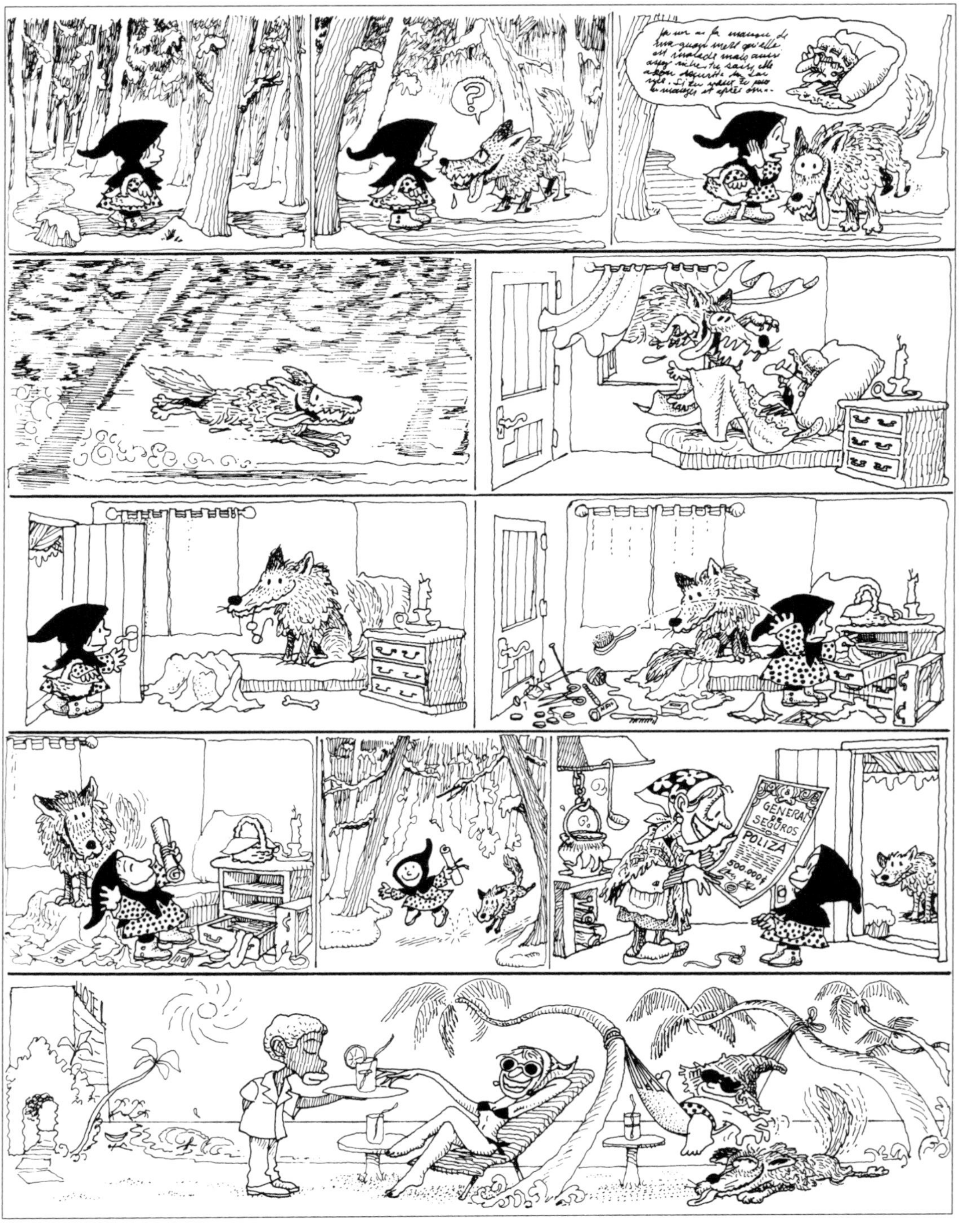
GENERAL DE SEGUROS
POLIZA
500.000$
HOTEL

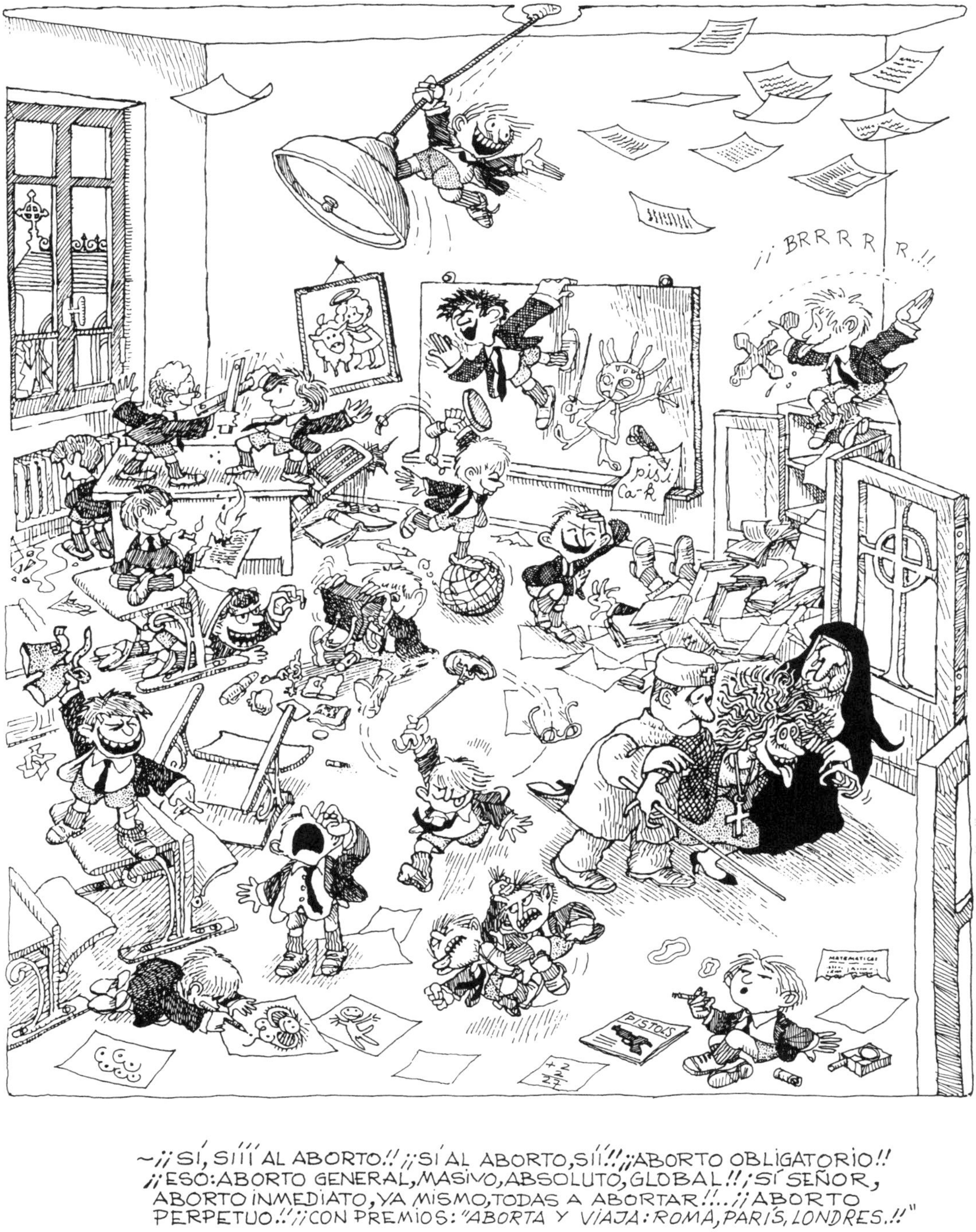
¡¡ BRRRR R R..!!
PISTOLS

—¡¡SÍ, SÍÍÍ AL ABORTO!! ¡¡SÍ AL ABORTO, SÍÍ!!! ¡¡ABORTO OBLIGATORIO!! ¡¡ESO: ABORTO GENERAL, MASIVO, ABSOLUTO, GLOBAL!! ¡SÍ SEÑOR, ABORTO INMEDIATO, YA MISMO, TODAS A ABORTAR!!.. ¡¡ABORTO PERPETUO!! ¡¡CON PREMIOS: *"ABORTA Y VIAJA: ROMA, PARÍS, LONDRES.!!"*

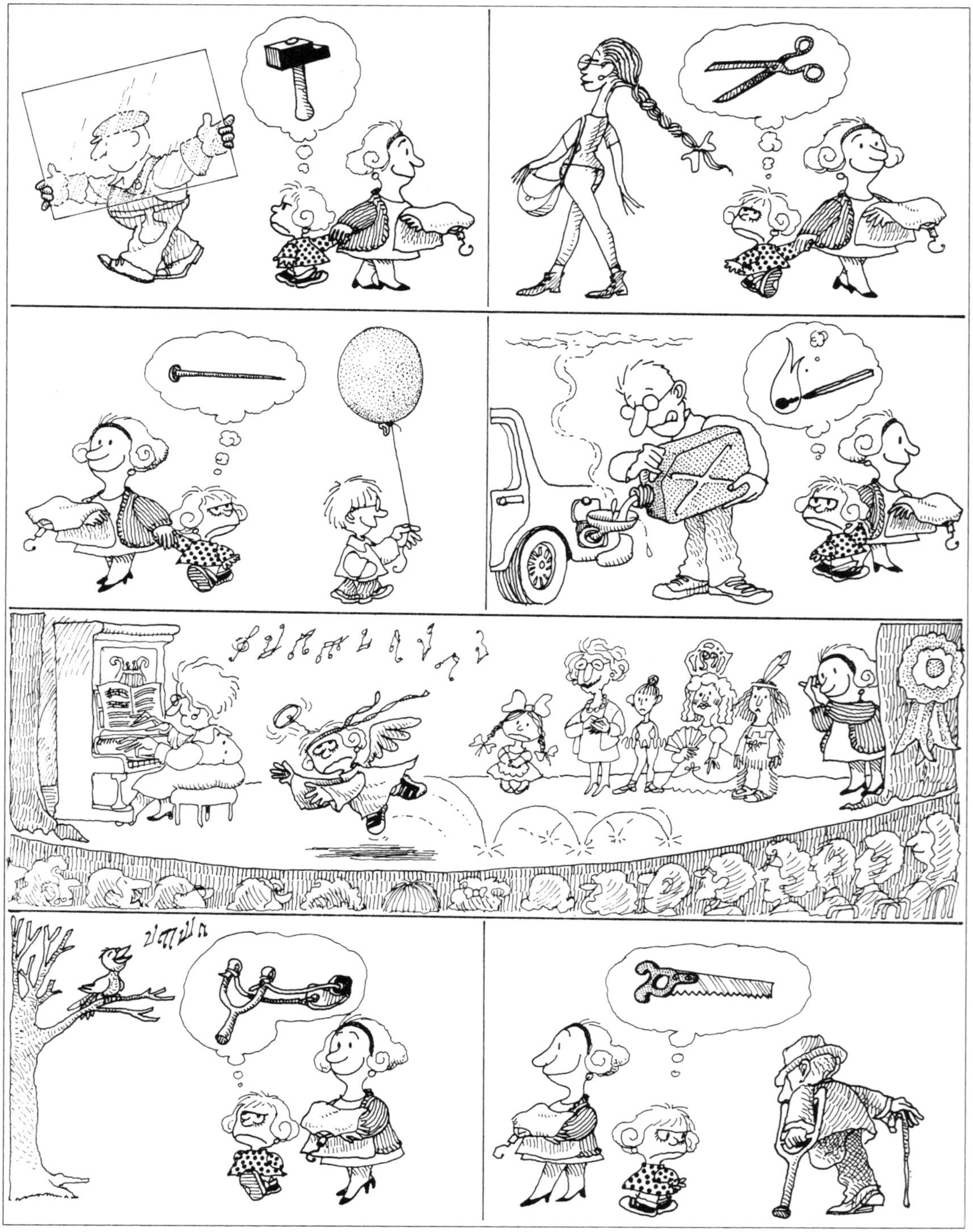

¡QUÉ MALA ES
LA GENTE!

RESULTA QUE,
COMO YO UN DÍA
APARECÍ CON
UNA MARIPOSA......

LOS VECINOS SE
VINIERON CON
UN RATÓN

¡AH, PERO A MÍ NO
ME VAN A INTIMIDAR!
¡¡NO SEÑOR!!

UN DÍA DE ESTOS LES
CAIGO CON UN CANICHE,
¡Y VAN A VER LO QUE
ES BUENO.!..

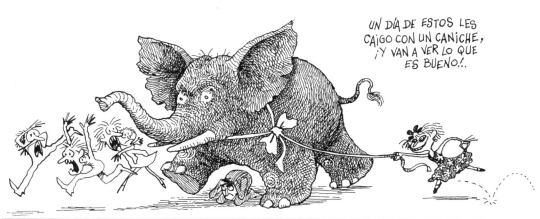

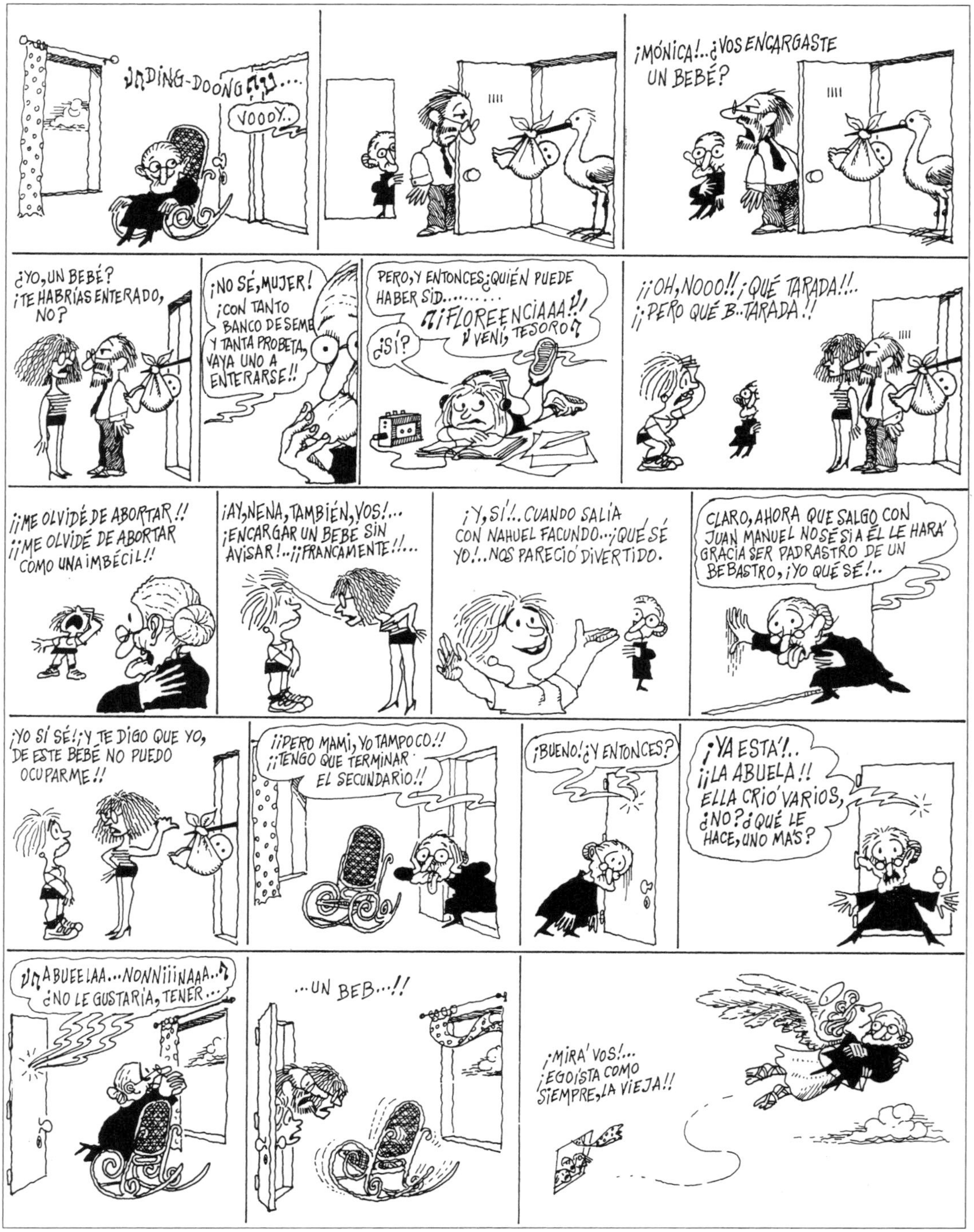
DING-DOONG....
VOOOY..
¡MÓNICA!..¿VOS ENCARGASTE UN BEBÉ?
¿YO, UN BEBÉ? ¡TE HABRÍAS ENTERADO, NO?
¡NO SÉ, MUJER! ¡CON TANTO BANCO DE SEME Y TANTA PROBETA, VAYA UNO A ENTERARSE!!
PERO, Y ENTONCES ¿QUIÉN PUEDE HABER SID.........
¡FLOREENCIAAA!!
VENÍ, TESORO
¿SÍ?
¡¡OH, NOOO!! ¡QUÉ TARADA!!.. ¡¡PERO QUÉ B..TARADA!!
¡¡ME OLVIDÉ DE ABORTAR!! ¡¡ME OLVIDÉ DE ABORTAR COMO UNA IMBÉCIL!!
¡AY, NENA, TAMBIÉN, VOS!... ¡ENCARGAR UN BEBE SIN AVISAR!..¡¡FRANCAMENTE!!...
¡Y, SÍ!.. CUANDO SALÍA CON NAHUEL FACUNDO...¡QUÉ SÉ YO!..NOS PARECIÓ DIVERTIDO.
CLARO, AHORA QUE SALGO CON JUAN MANUEL NO SÉ SI A ÉL LE HARÁ GRACIA SER PADRASTRO DE UN BEBASTRO, ¡YO QUÉ SÉ!..
¡YO SÍ SÉ! ¡Y TE DIGO QUE YO, DE ESTE BEBÉ NO PUEDO OCUPARME!!
¡¡PERO MAMI, YO TAMPOCO!! ¡¡TENGO QUE TERMINAR EL SECUNDARIO!!
¡BUENO! ¿Y ENTONCES?
¡YA ESTÁ!.. ¡¡LA ABUELA!! ELLA CRIÓ VARIOS, ¿NO? ¿QUÉ LE HACE, UNO MÁS?
ABUEELAA...NONNIIINAAA.. ¿NO LE GUSTARÍA TENER...
...UN BEB...!!
¡MIRÁ VOS!... ¡EGOÍSTA COMO SIEMPRE, LA VIEJA!!

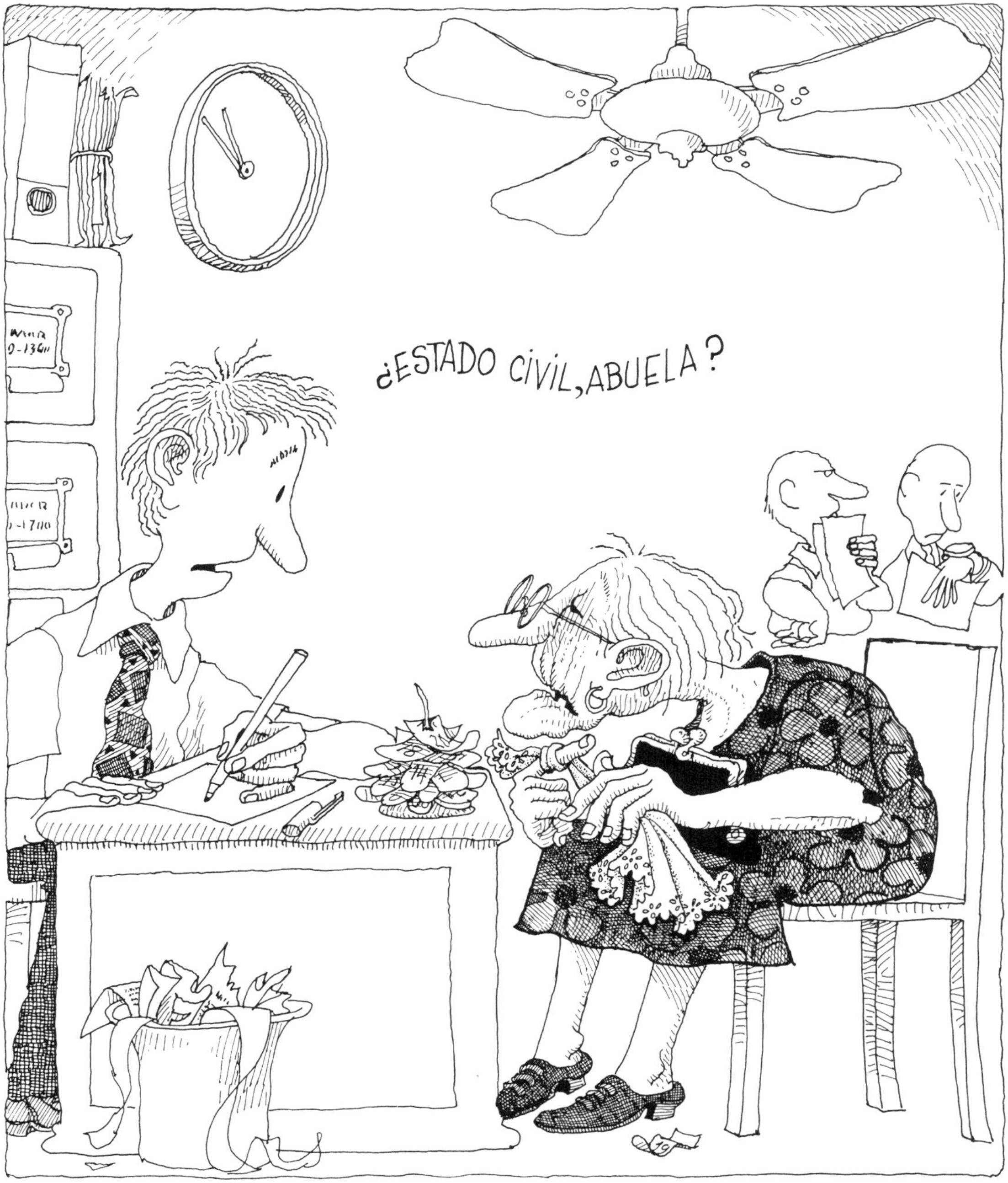
¿ESTADO CIVIL, ABUELA?

—¡PÚUUH!... TODOS, M'HIJITO.

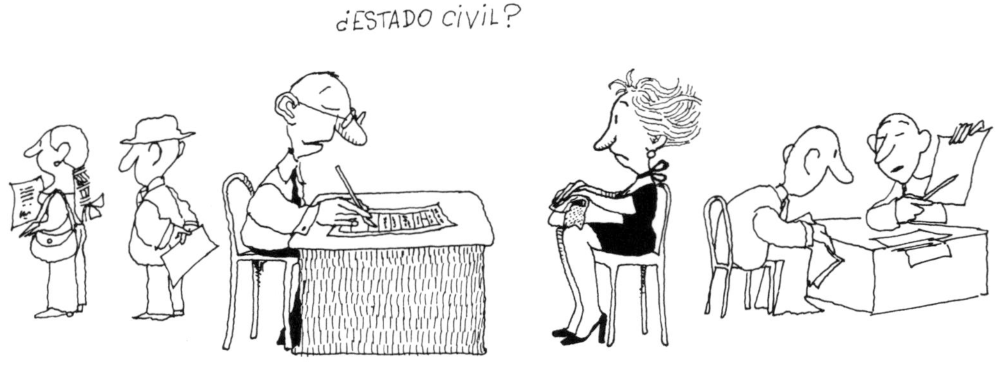
¿ESTADO CIVIL?

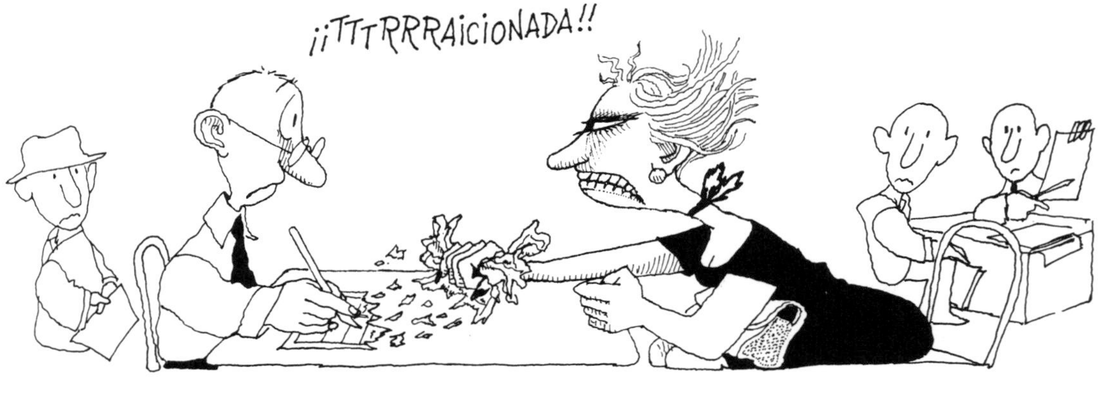
¡¡TTTRRRAICIONADA!!

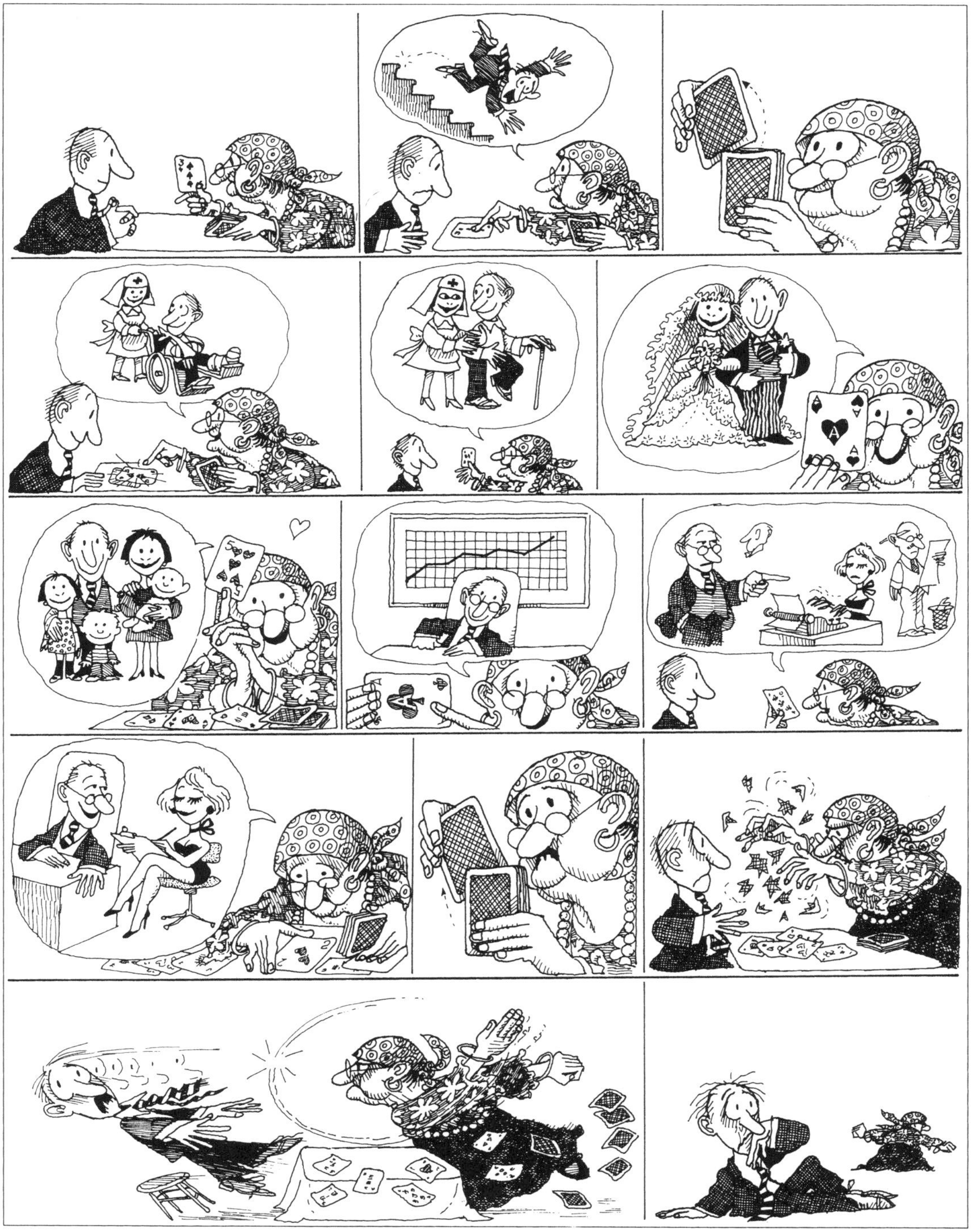

~DISCULPE, DOCTORA, PERO....LA CLÁSICA ADVERTENCIA "Y SEXO, POCO," ¿DE ESO USTED NO PIENSA DECIRLE ABSOLUTAMENTE NADA?

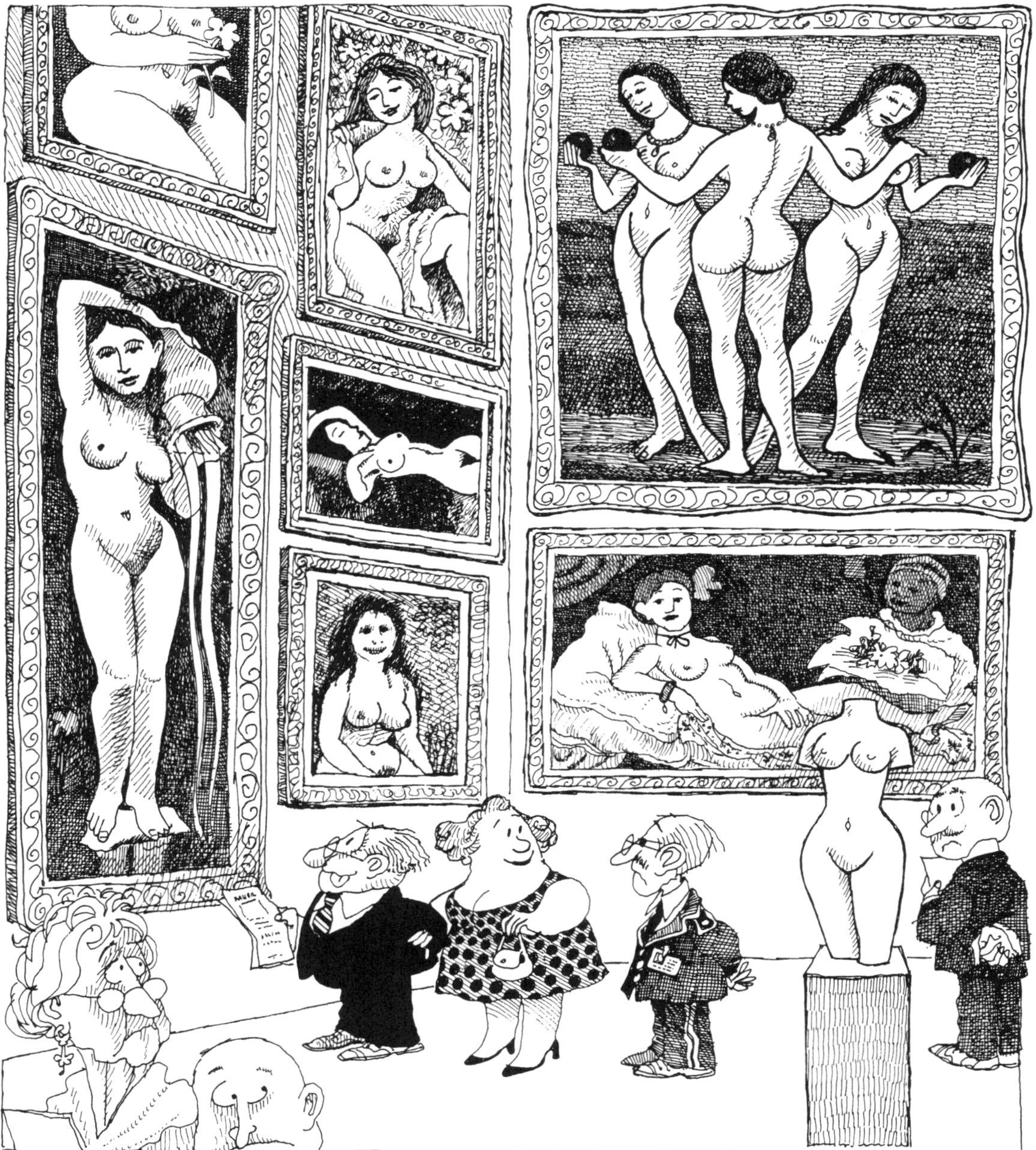

—A MÍ MARIDO LE ENCANTA EL MUSEO DE BELLAS ARTES, PORQUE DICE QUE AQUÍ ÉL PUEDE VER DESNUDOS BONITOS SIN TENER QUE GASTAR EN CABARET, Y QUE ADEMÁS ESTO LO MOTIVA PARA EL AMOR, Y QUE PARA ESO ME TIENE A MÍ, QUE AL FIN DE CUENTAS SOY A QUIEN ÉL REALMENTE QUIERE.

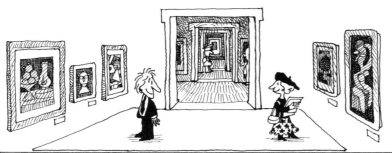

Se conocieron en la Galería Nacional.
Ambos amaban el Arte.
Renoir
¡Goya!
Rafael
Klee
Velázquez
Leonardo
Quedaron en tomar juntos un café el martes siguiente.
Galería Nacional
CAFÉ La Monna Lisa BAR
BAR CONFITERÍA La Gioconda
Jamás supieron por qué no pudo ser.

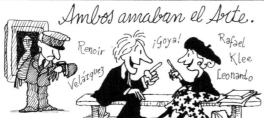

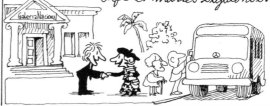

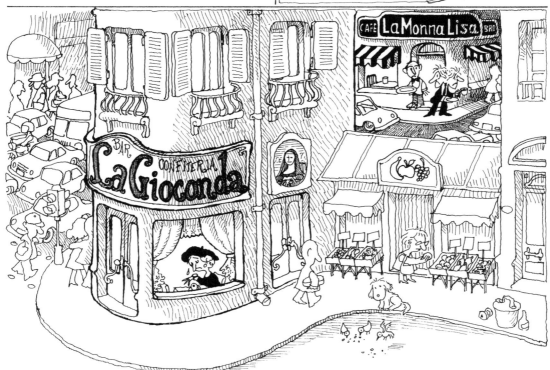

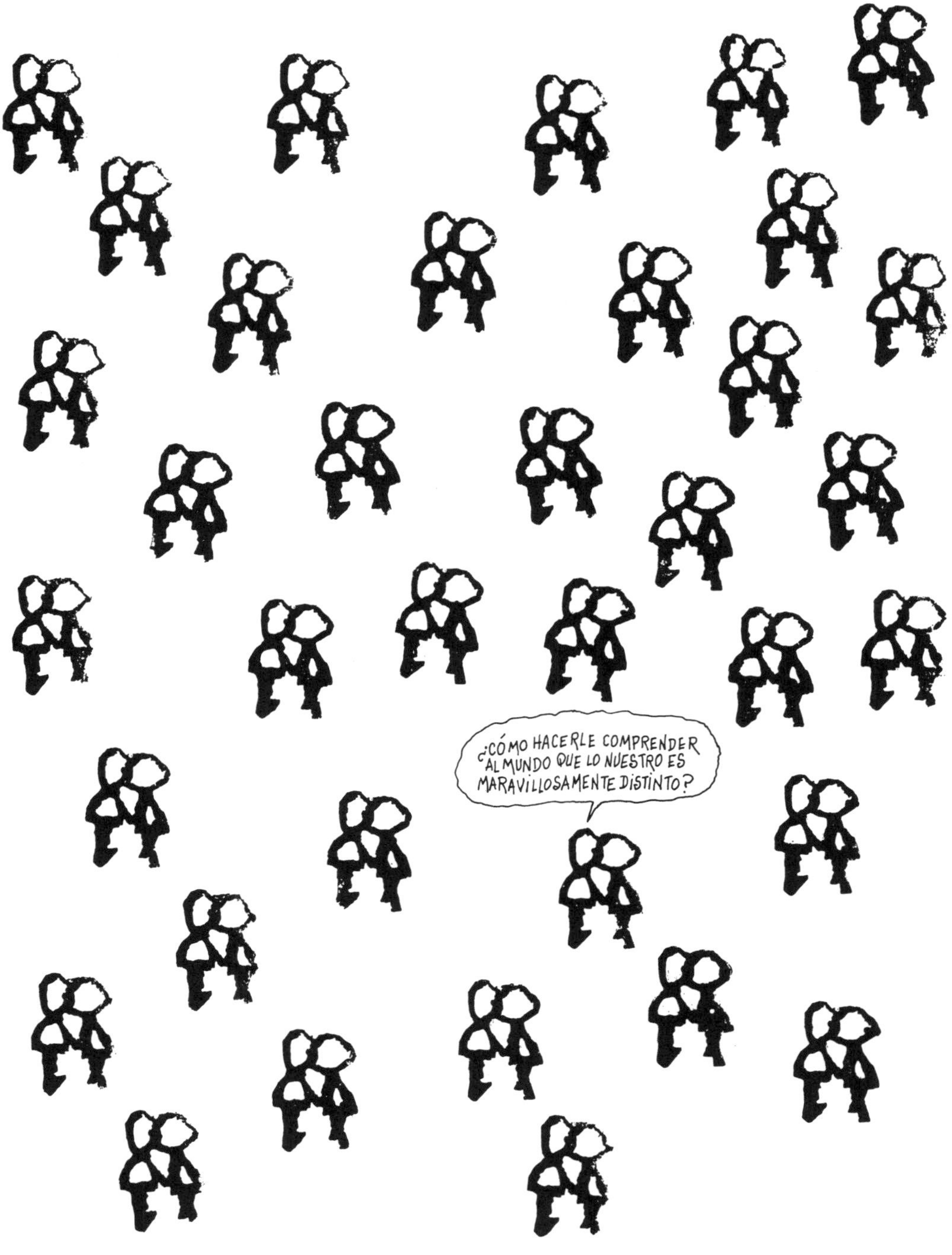
¿CÓMO HACERLE COMPRENDER AL MUNDO QUE LO NUESTRO ES MARAVILLOSAMENTE DISTINTO?

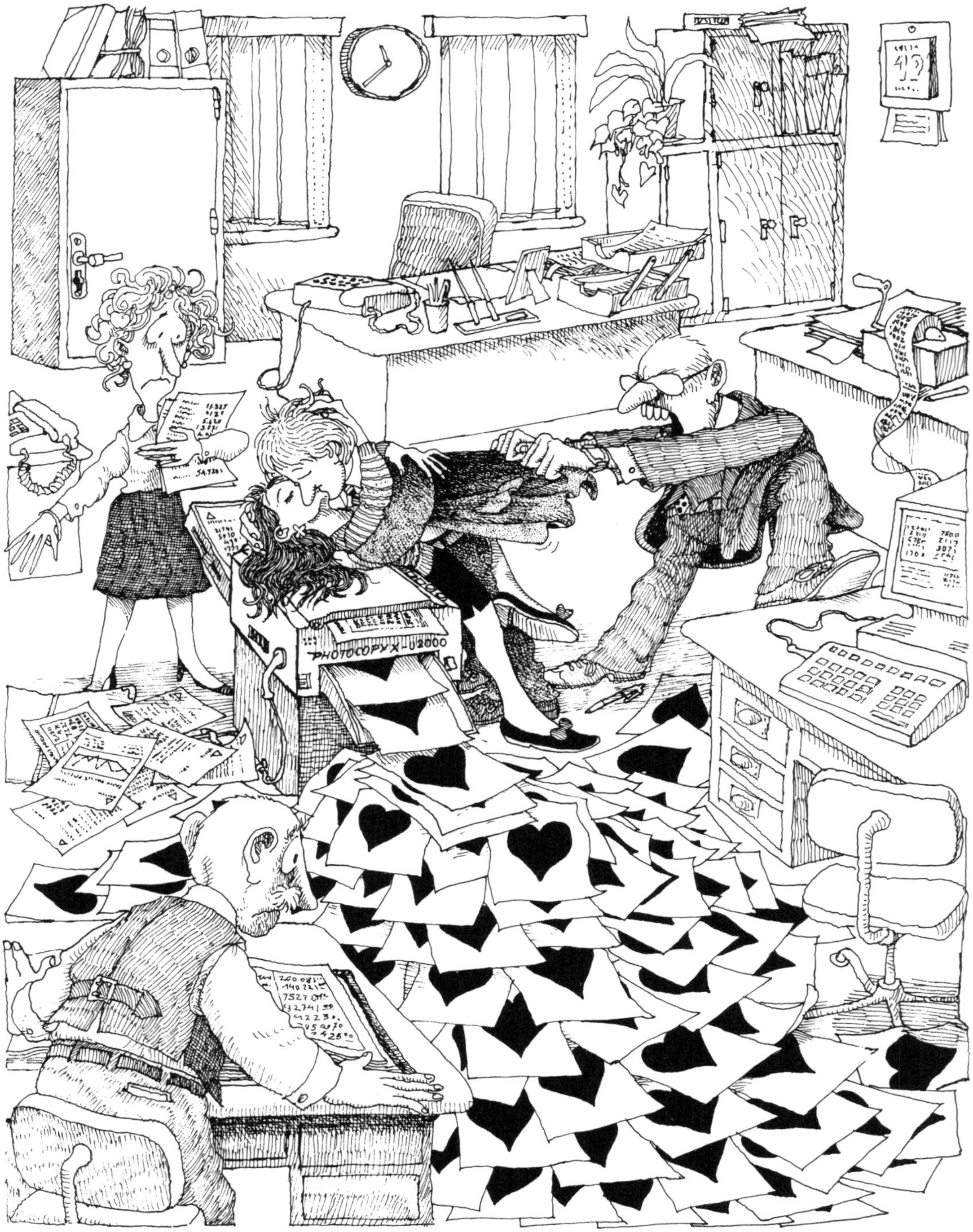
PHOTOCOPY X-U2000

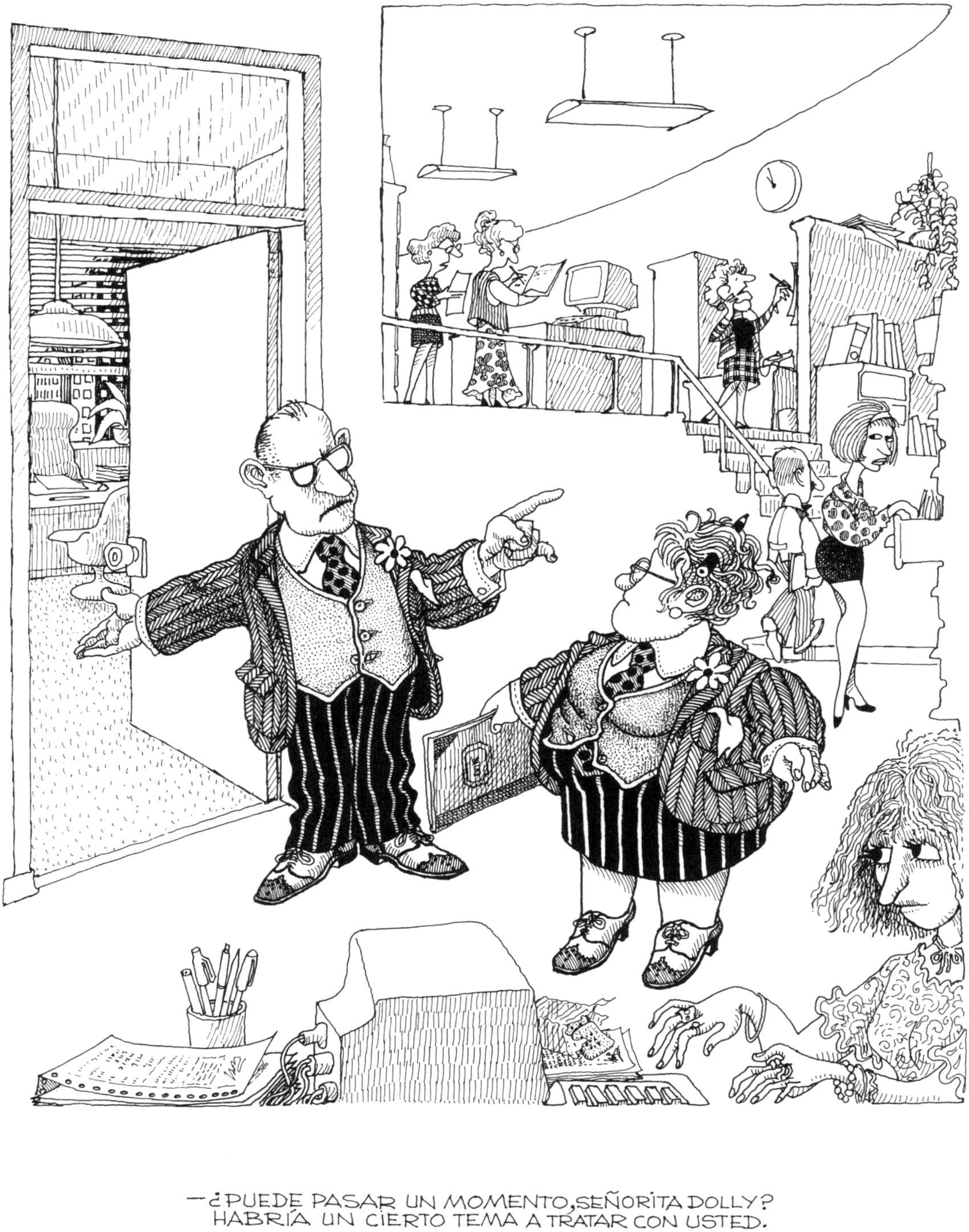

—¿PUEDE PASAR UN MOMENTO, SEÑORITA DOLLY?
HABRÍA UN CIERTO TEMA A TRATAR CON USTED.

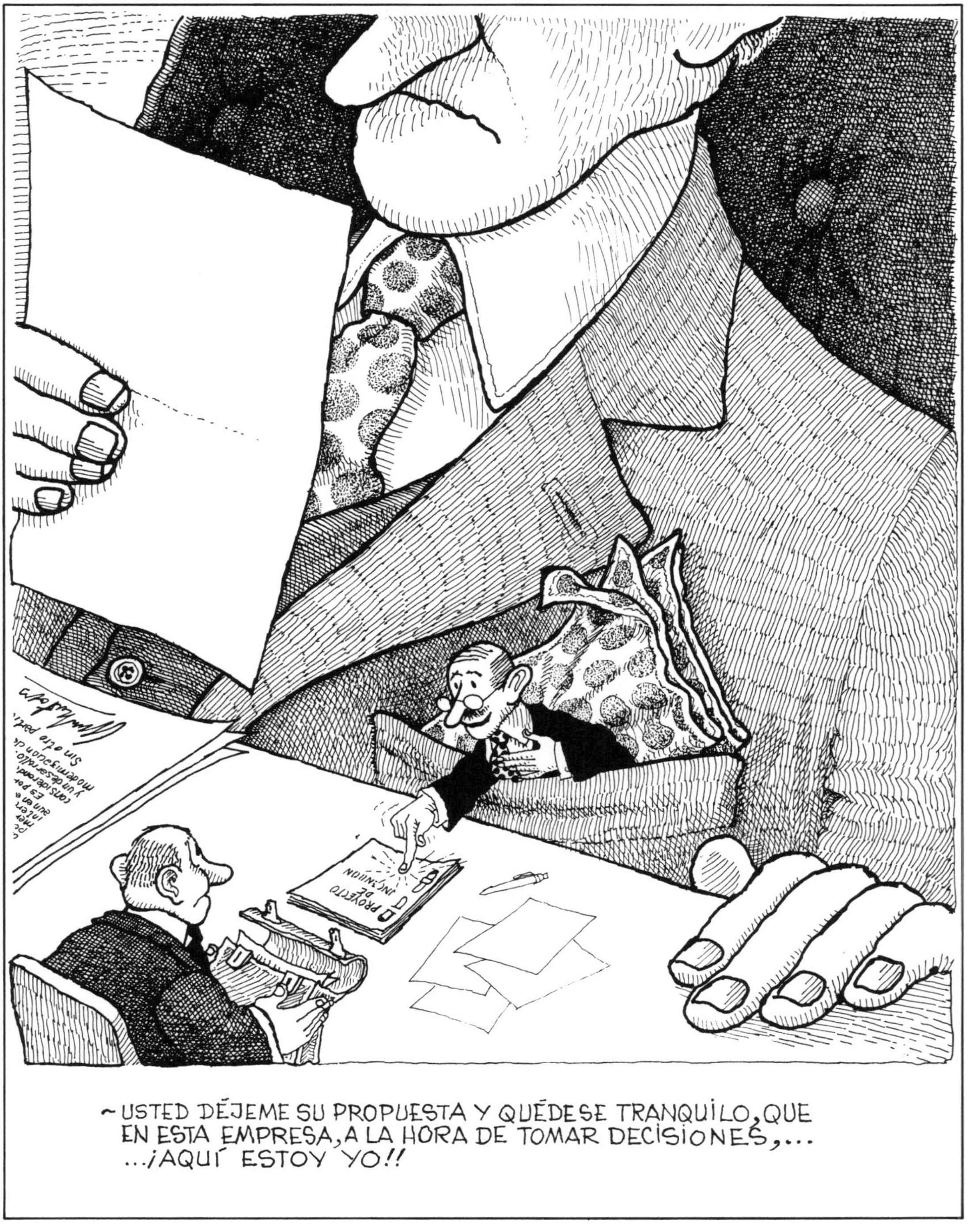

–USTED DÉJEME SU PROPUESTA Y QUÉDESE TRANQUILO, QUE EN ESTA EMPRESA, A LA HORA DE TOMAR DECISIONES,... ...¡AQUÍ ESTOY YO!!

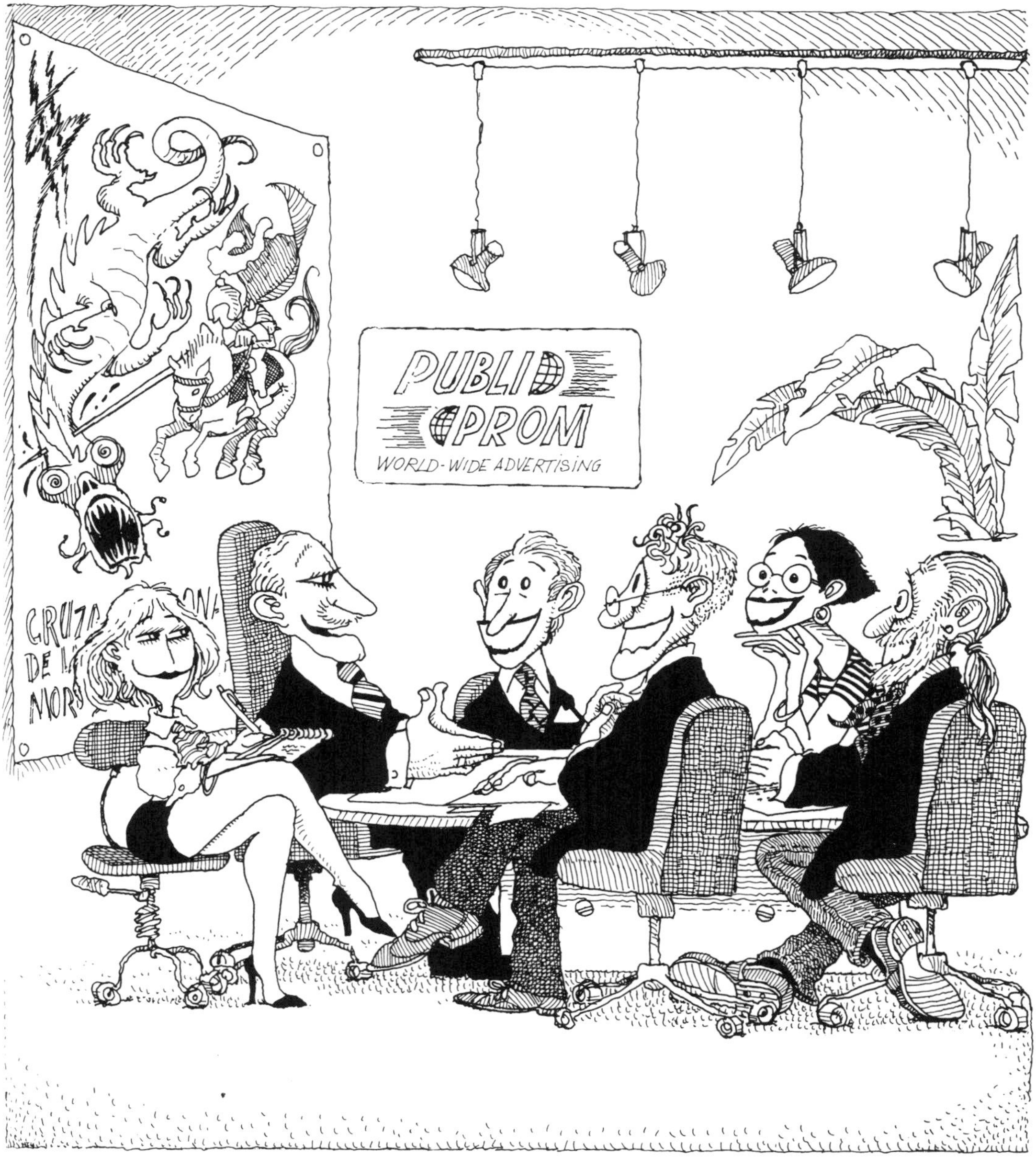
PUBLI
PROM
WORLD-WIDE ADVERTISING

–SEÑORES, SI MEDIANTE LA HABITUAL *"GRATIFICACIÓN A NUESTRO HOMBRE CLAVE"* LOGRÁRAMOS QUE LAS AUTORIDADES NOS ADJUDIQUEN EL TOTAL MANEJO PUBLICITARIO DE LA ***"CRUZADA NACIONAL DE LUCHA POR LOS VALORES MORALES Y ESPIRITUALES"*** CALCULO QUE PODRÍAMOS LLEGAR A OBTENER UNA GANANCIA NETA DE POR LO MENOS DOS MILLONES DE DÓLARES.

-AUN CUANDO LA GENTE VE EN MÍ SOLO AL DURO
HOMBRE DE NEGOCIOS FRÍO, CALCULADOR, ÁVIDO DE
DINERO Y DE PODER, LE CONFIESO QUE EN EL FONDO
YO SIGO SIENDO EL TÍMIDO NIÑO QUE NECESITA TENER
SIEMPRE A SU LADO UN ÁNGEL GUARDIÁN QUE LO
PROTEJA DE TODO MAL.

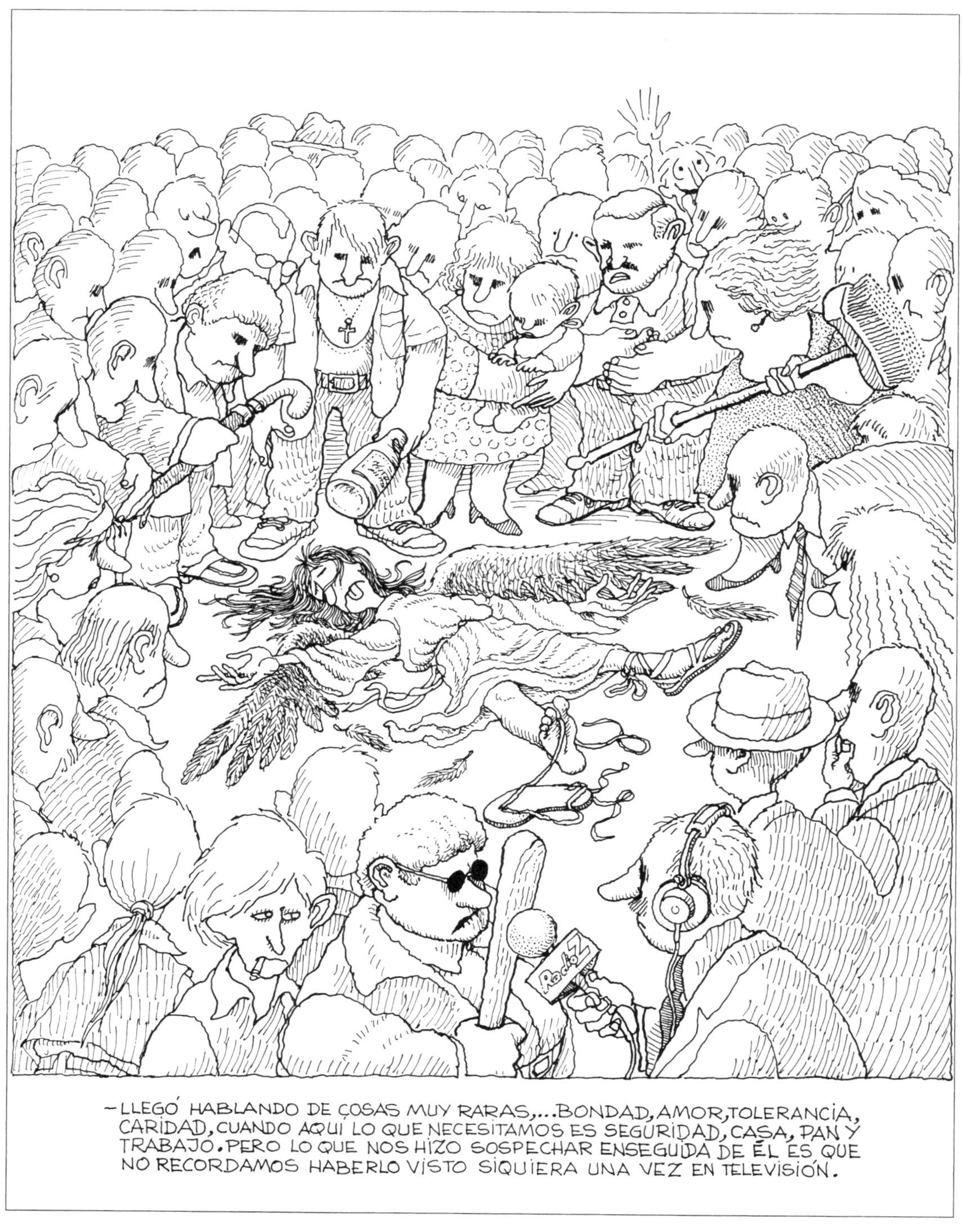
Radio Z

—LLEGÓ HABLANDO DE COSAS MUY RARAS,...BONDAD, AMOR, TOLERANCIA,
CARIDAD, CUANDO AQUÍ LO QUE NECESITAMOS ES SEGURIDAD, CASA, PAN Y
TRABAJO. PERO LO QUE NOS HIZO SOSPECHAR ENSEGUIDA DE ÉL ES QUE
NO RECORDAMOS HABERLO VISTO SIQUIERA UNA VEZ EN TELEVISIÓN.

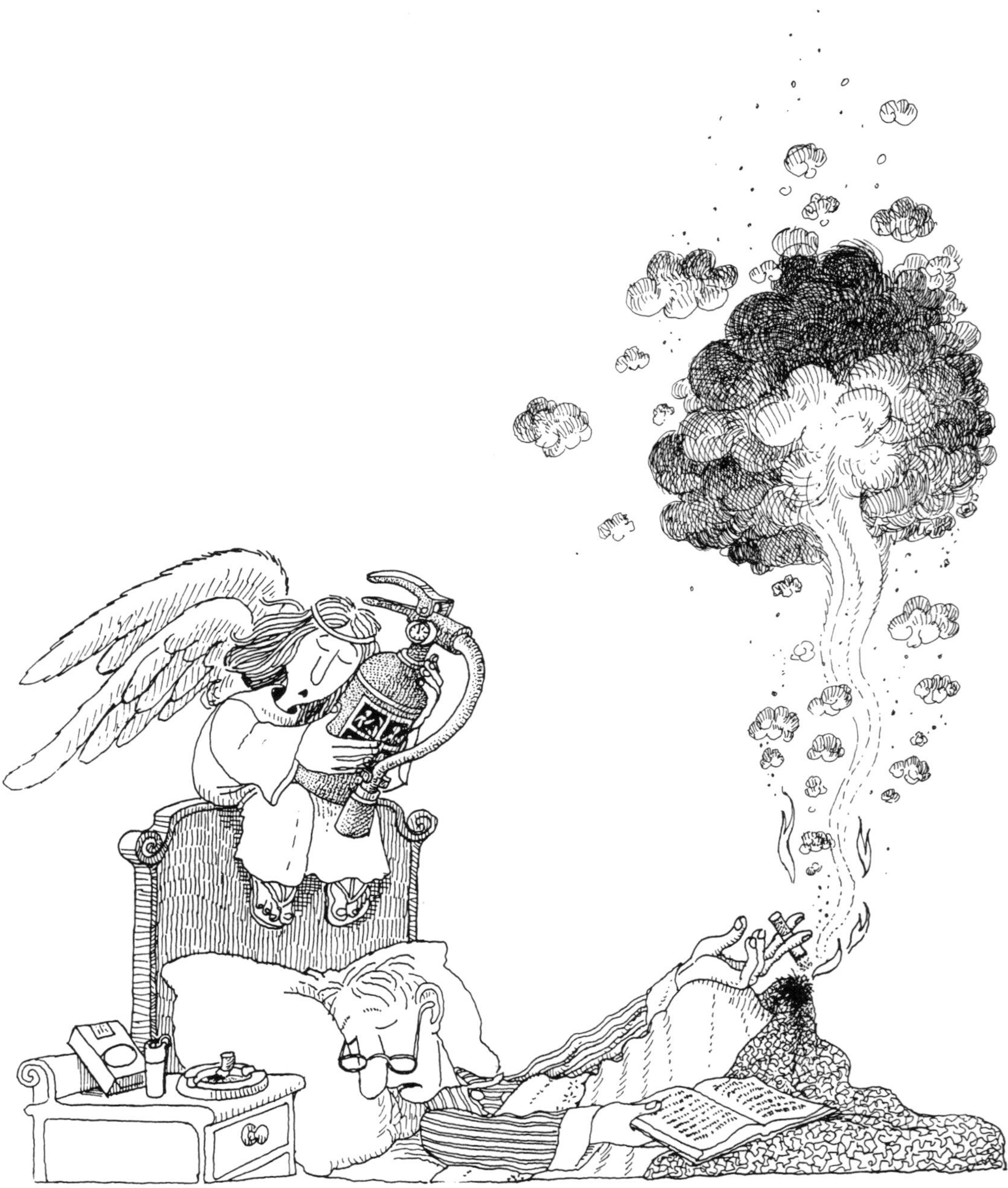

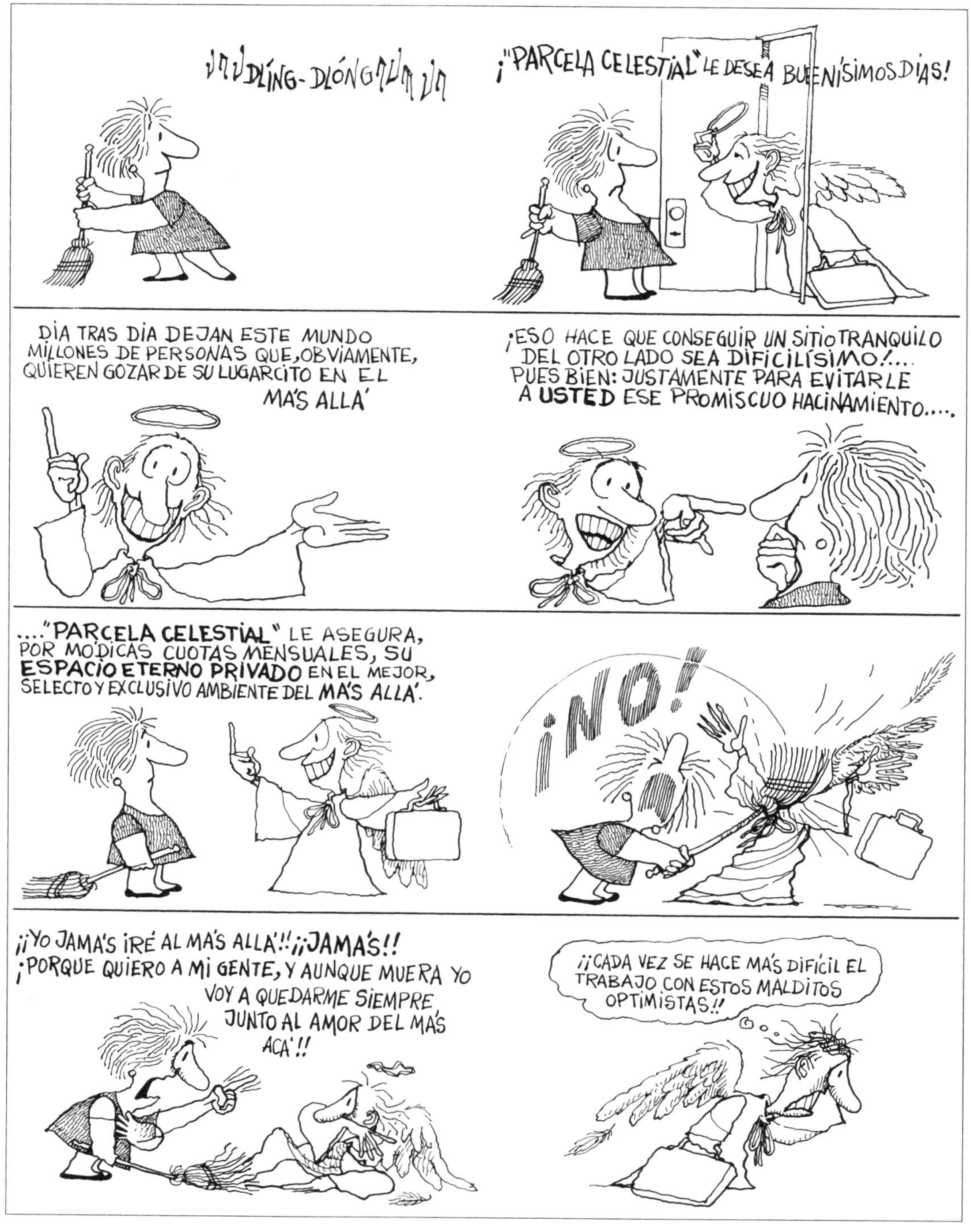
DLÍNG - DLÓNG
¡"PARCELA CELESTIAL" LE DESEA BUENÍSIMOS DÍAS!
DÍA TRAS DÍA DEJAN ESTE MUNDO MILLONES DE PERSONAS QUE, OBVIAMENTE, QUIEREN GOZAR DE SU LUGARCITO EN EL MÁS ALLÁ
¡ESO HACE QUE CONSEGUIR UN SITIO TRANQUILO DEL OTRO LADO SEA DIFICILÍSIMO!... PUES BIEN: JUSTAMENTE PARA EVITARLE A USTED ESE PROMISCUO HACINAMIENTO....
...."PARCELA CELESTIAL" LE ASEGURA, POR MÓDICAS CUOTAS MENSUALES, SU ESPACIO ETERNO PRIVADO EN EL MEJOR, SELECTO Y EXCLUSIVO AMBIENTE DEL MÁS ALLÁ.
¡NO!
¡¡YO JAMÁS IRÉ AL MÁS ALLÁ!! ¡¡JAMÁS!! ¡PORQUE QUIERO A MI GENTE, Y AUNQUE MUERA YO VOY A QUEDARME SIEMPRE JUNTO AL AMOR DEL MÁS ACÁ!!
¡¡CADA VEZ SE HACE MÁS DIFÍCIL EL TRABAJO CON ESTOS MALDITOS OPTIMISTAS!!

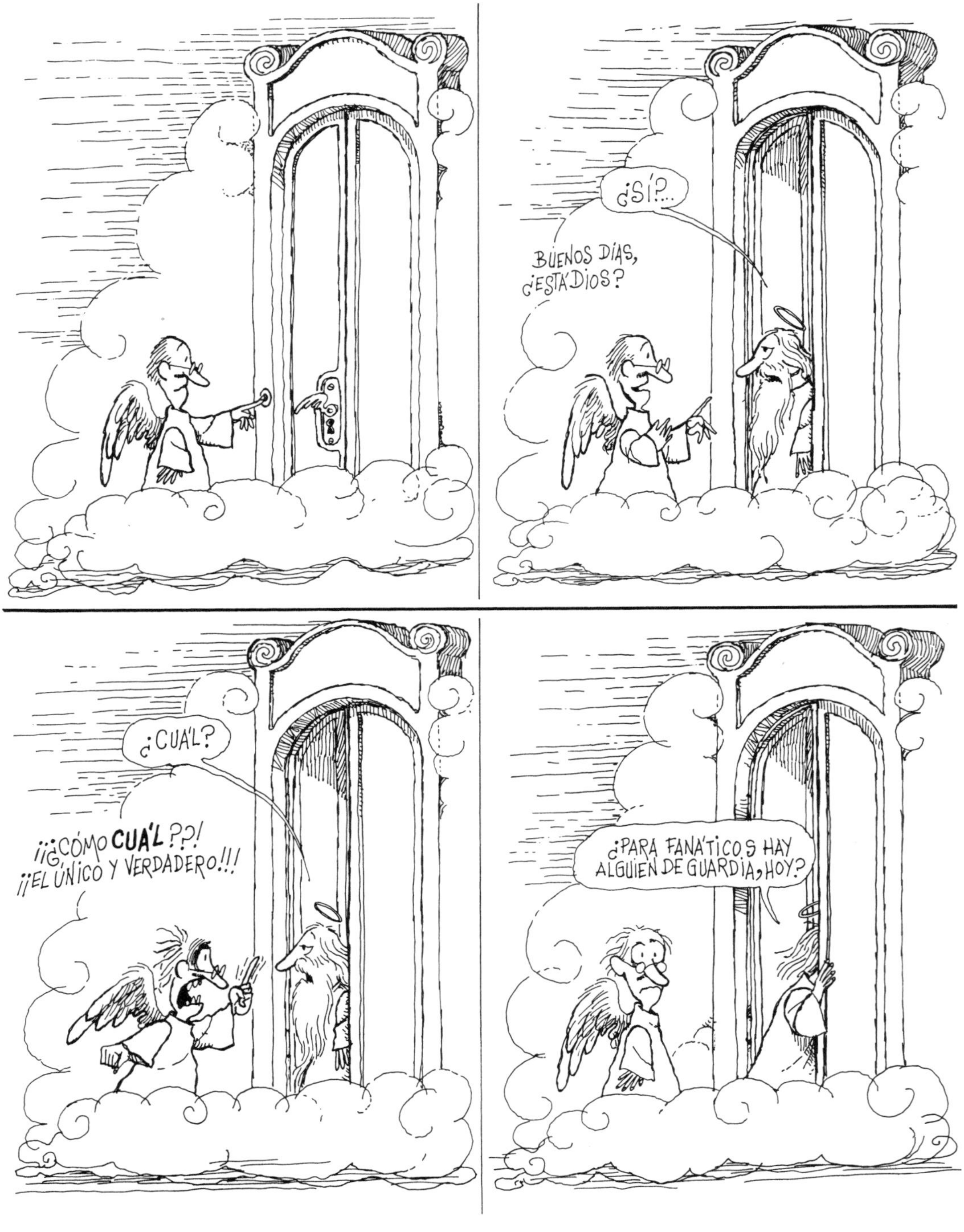
BUENOS DÍAS, ¿ESTÁ DIOS?
¿SÍ?...
¿CUÁL?
¡¡¿¿CÓMO **CUÁL**??!
¡¡EL ÚNICO Y VERDADERO!!!
¿PARA FANÁTICOS HAY ALGUIEN DE GUARDIA, HOY?

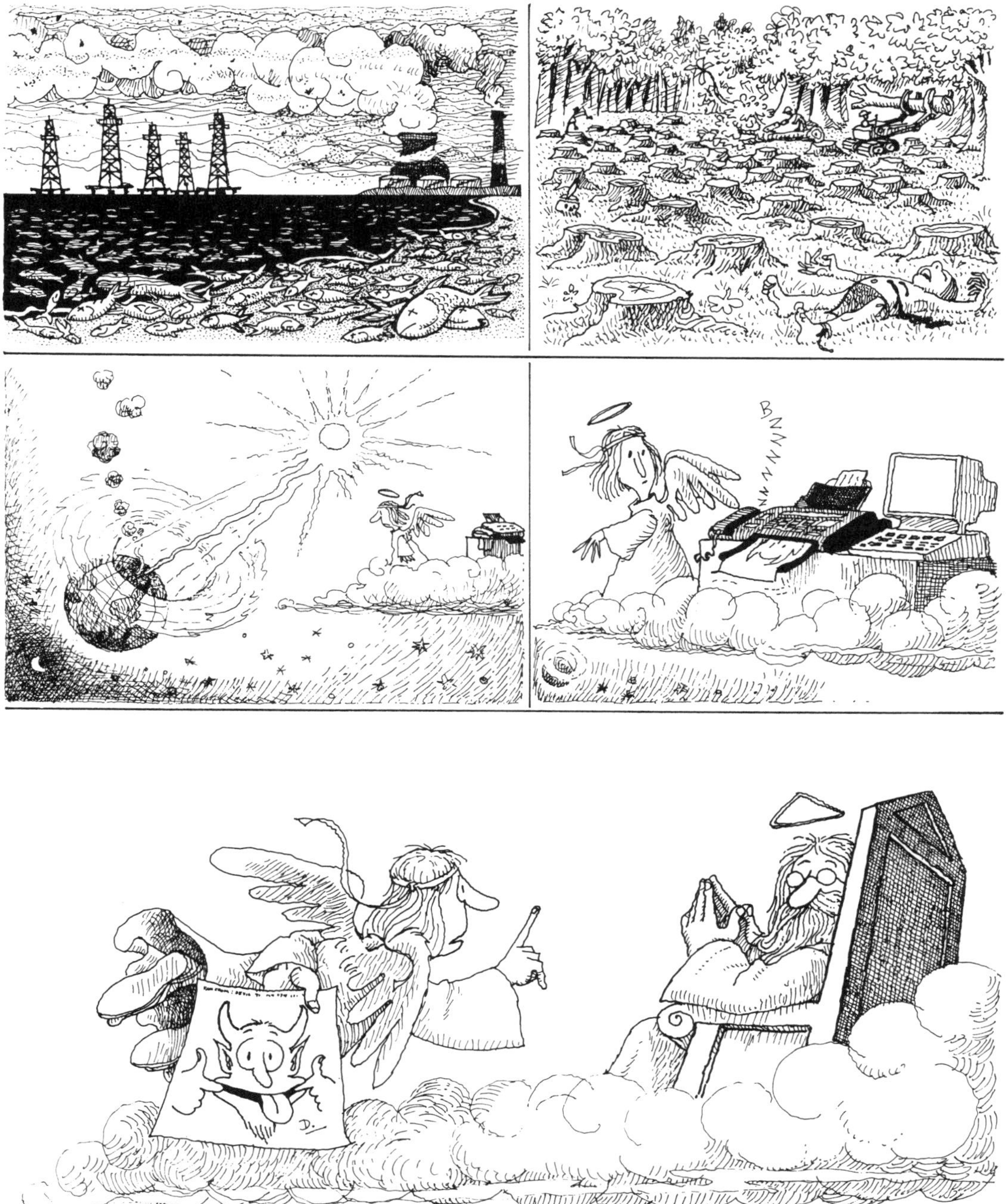

—ESTEEEEM....PERDÓN, SEÑOR...ACABA DE LLEGAR UN FAX.

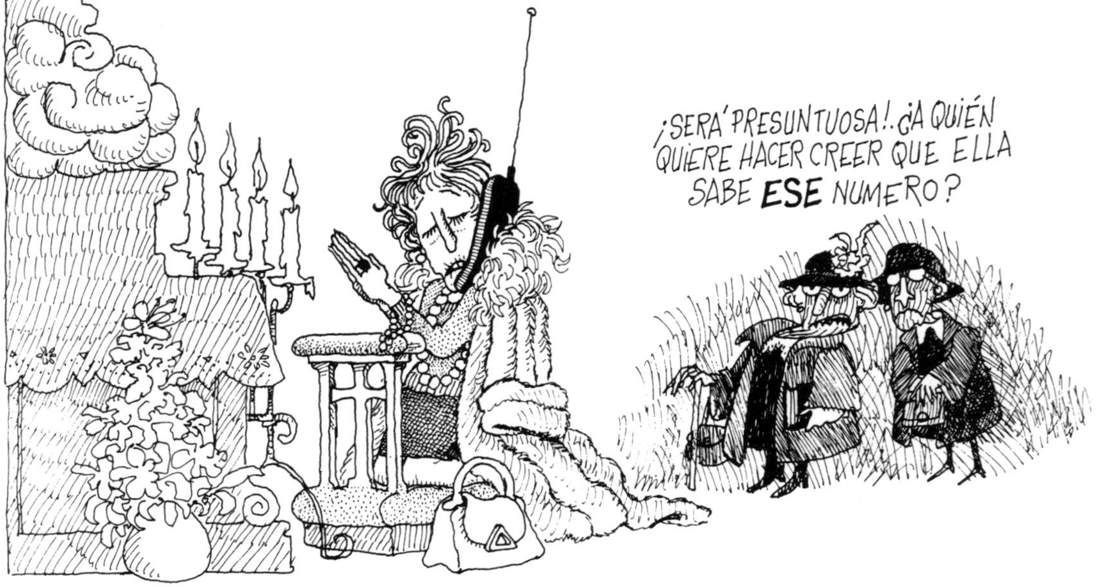
¡SERÁ PRESUNTUOSA!.. ¿A QUIÉN QUIERE HACER CREER QUE ELLA SABE **ESE** NUMERO?

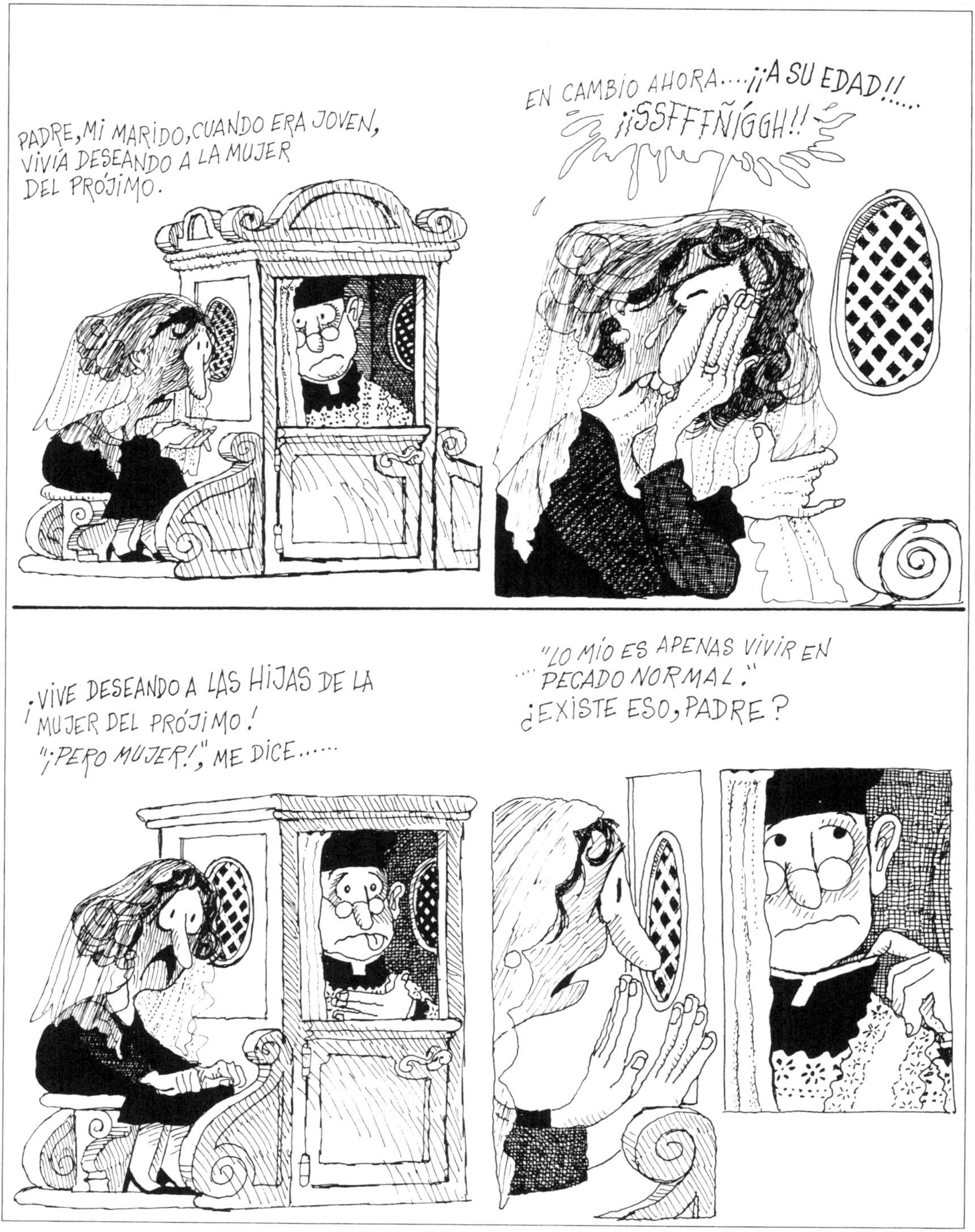
PADRE, MI MARIDO, CUANDO ERA JOVEN, VIVÍA DESEANDO A LA MUJER DEL PRÓJIMO.
EN CAMBIO AHORA....¡¡A SU EDAD!!.....
¡¡SSFFFÑÍGGH!!
¡VIVE DESEANDO A LAS HIJAS DE LA MUJER DEL PRÓJIMO!
"¡PERO MUJER!," ME DICE......
..."LO MÍO ES APENAS VIVIR EN PECADO NORMAL."
¿EXISTE ESO, PADRE?

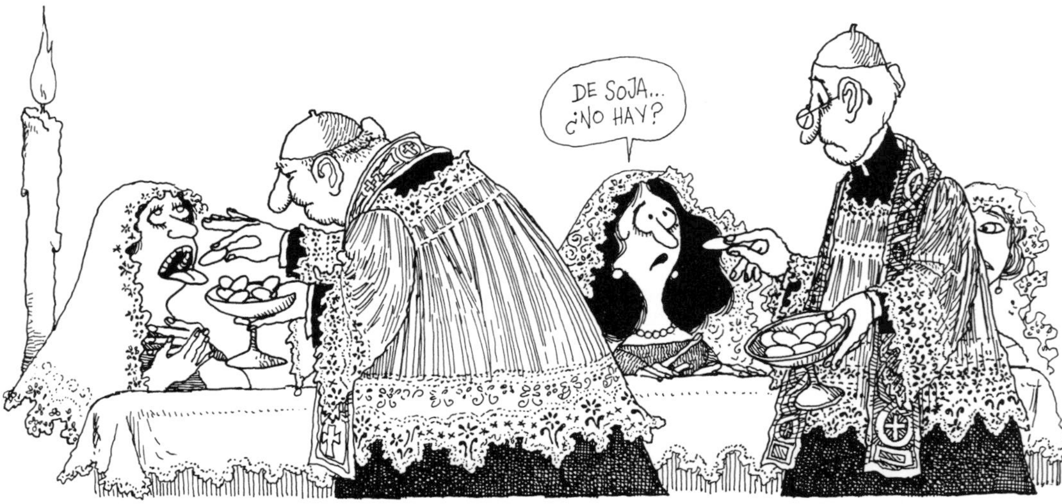
DE SOJA...
¿NO HAY?

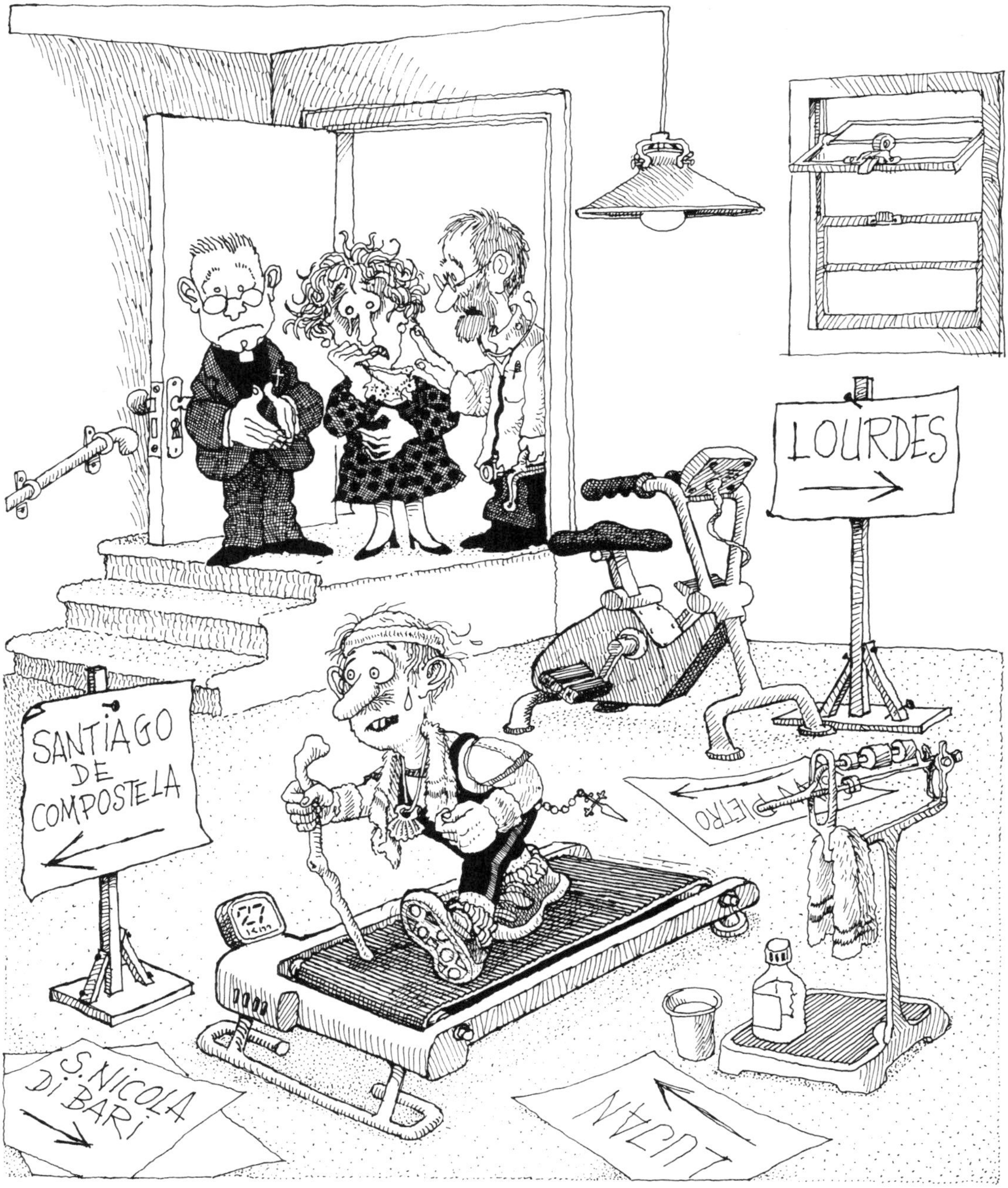
LOURDES
SANTIAGO DE COMPOSTELA
S. NICOLA DI BARI
LUJAN

–TRATE DE CALMARSE Y CUENTEME, SEÑORA: ¿CUÁNTO HACE QUE EMPEZÓ CON ESTO DE LA *MÍSTICA*-GYM?

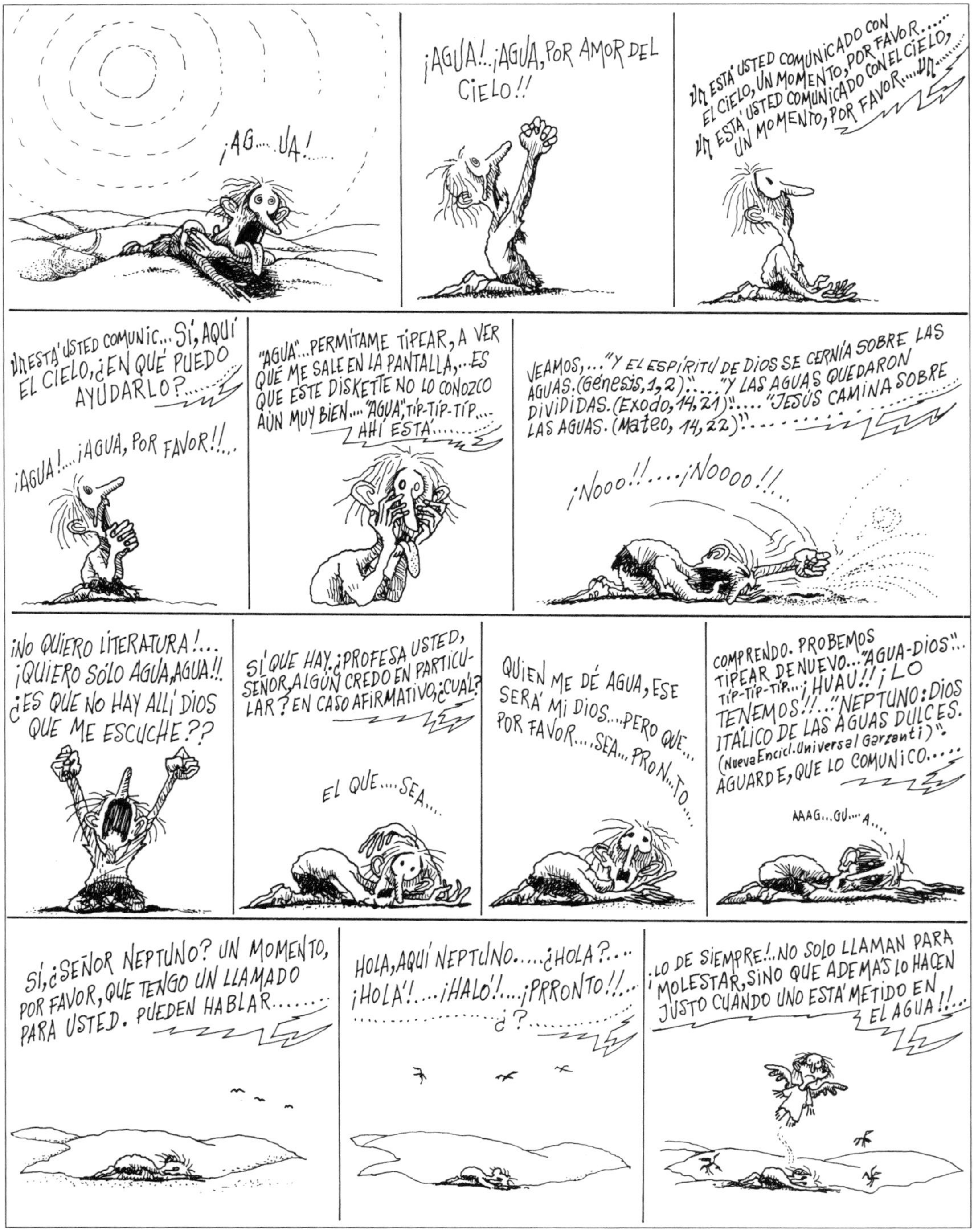
¡AG.... UA!
¡AGUA!.. ¡AGUA, POR AMOR DEL CIELO!!
ESTÁ USTED COMUNICADO CON EL CIELO, UN MOMENTO, POR FAVOR..... ESTÁ USTED COMUNICADO CON EL CIELO, UN MOMENTO, POR FAVOR.....
ESTÁ USTED COMUNIC... SÍ, AQUÍ EL CIELO, ¿EN QUÉ PUEDO AYUDARLO?.....
¡AGUA!... ¡AGUA, POR FAVOR!!...
"AGUA"... PERMÍTAME TIPEAR, A VER QUÉ ME SALE EN LA PANTALLA,... ES QUE ESTE DISKETTE NO LO CONOZCO AÚN MUY BIEN.... "AGUA", TIP-TIP-TIP.... AHÍ ESTÁ.......
VEAMOS,... "Y EL ESPÍRITU DE DIOS SE CERNÍA SOBRE LAS AGUAS. (Génesis, 1, 2)"..... "Y LAS AGUAS QUEDARON DIVIDIDAS. (Exodo, 14, 21)"..... "JESÚS CAMINA SOBRE LAS AGUAS. (Mateo, 14, 22)".........
¡Nooo!!.... ¡Noooo!!...
¡NO QUIERO LITERATURA!... ¡QUIERO SÓLO AGUA, AGUA!! ¿ES QUE NO HAY ALLÍ DIOS QUE ME ESCUCHE??
SÍ QUE HAY. ¿PROFESA USTED, SEÑOR, ALGÚN CREDO EN PARTICULAR? EN CASO AFIRMATIVO, ¿CUÁL?
EL QUE.... SEA...
QUIEN ME DÉ AGUA, ESE SERÁ MI DIOS... PERO QUE... POR FAVOR.... SEA... PRON... TO...
COMPRENDO. PROBEMOS TIPEAR DE NUEVO... "AGUA-DIOS"... TIP-TIP-TIP... ¡HUAU!! ¡LO TENEMOS!!... "NEPTUNO: DIOS ITÁLICO DE LAS AGUAS DULCES. (Nueva Encicl. Universal Garzanti)". AGUARDE, QUE LO COMUNICO.....
AAAG... GU.... A...
SÍ, ¿SEÑOR NEPTUNO? UN MOMENTO, POR FAVOR, QUE TENGO UN LLAMADO PARA USTED. PUEDEN HABLAR.......
HOLA, AQUÍ NEPTUNO..... ¿HOLA?... ¡HOLA!.... ¡HALO!.... ¡PRRONTO!!... .... ¿?
¡LO DE SIEMPRE!.. NO SOLO LLAMAN PARA MOLESTAR, SINO QUE ADEMÁS LO HACEN JUSTO CUANDO UNO ESTÁ METIDO EN EL AGUA!!...

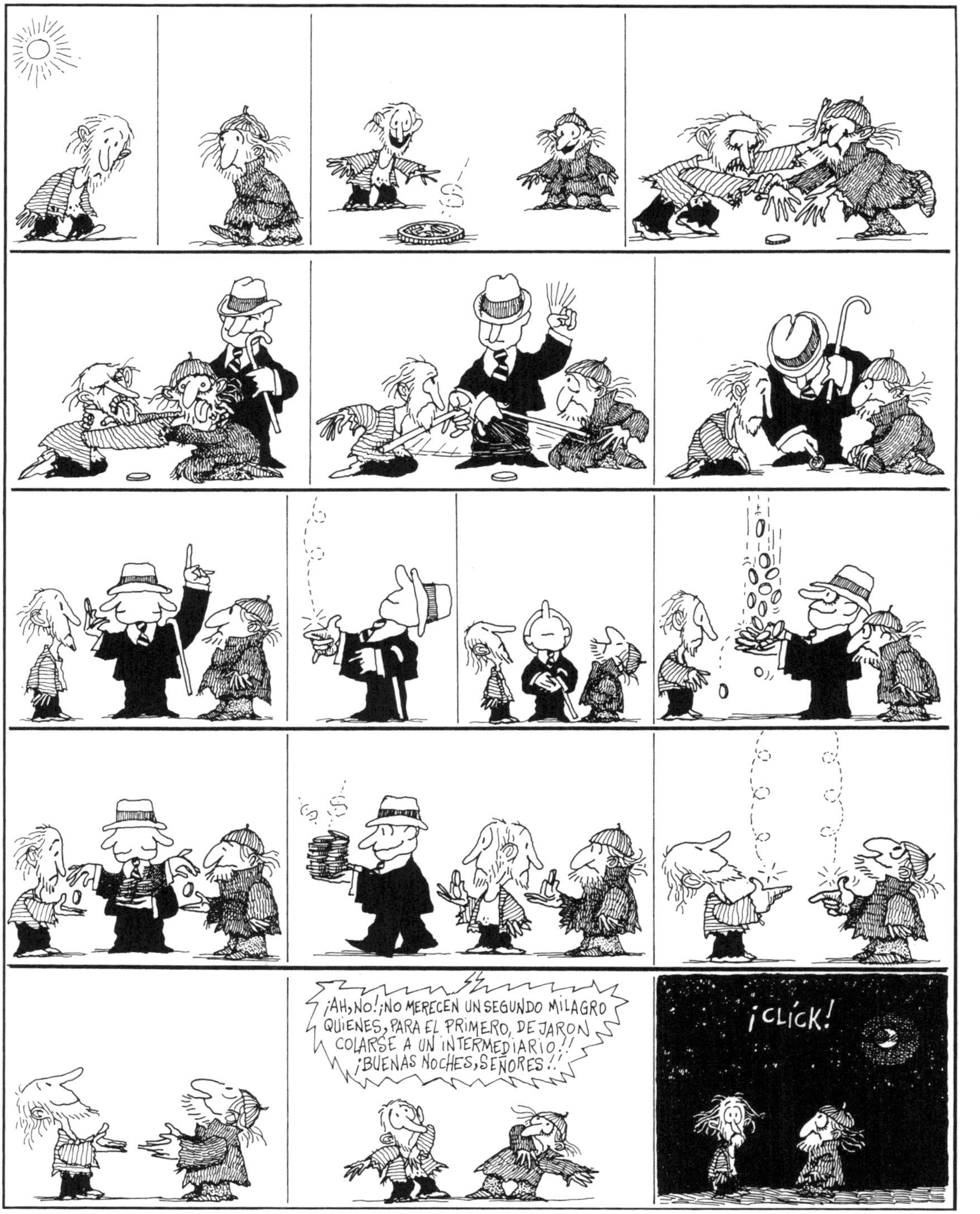
¡AH, NO! ¡NO MERECEN UN SEGUNDO MILAGRO QUIENES, PARA EL PRIMERO, DEJARON COLARSE A UN INTERMEDIARIO!! ¡BUENAS NOCHES, SEÑORES!!
¡CLICK!

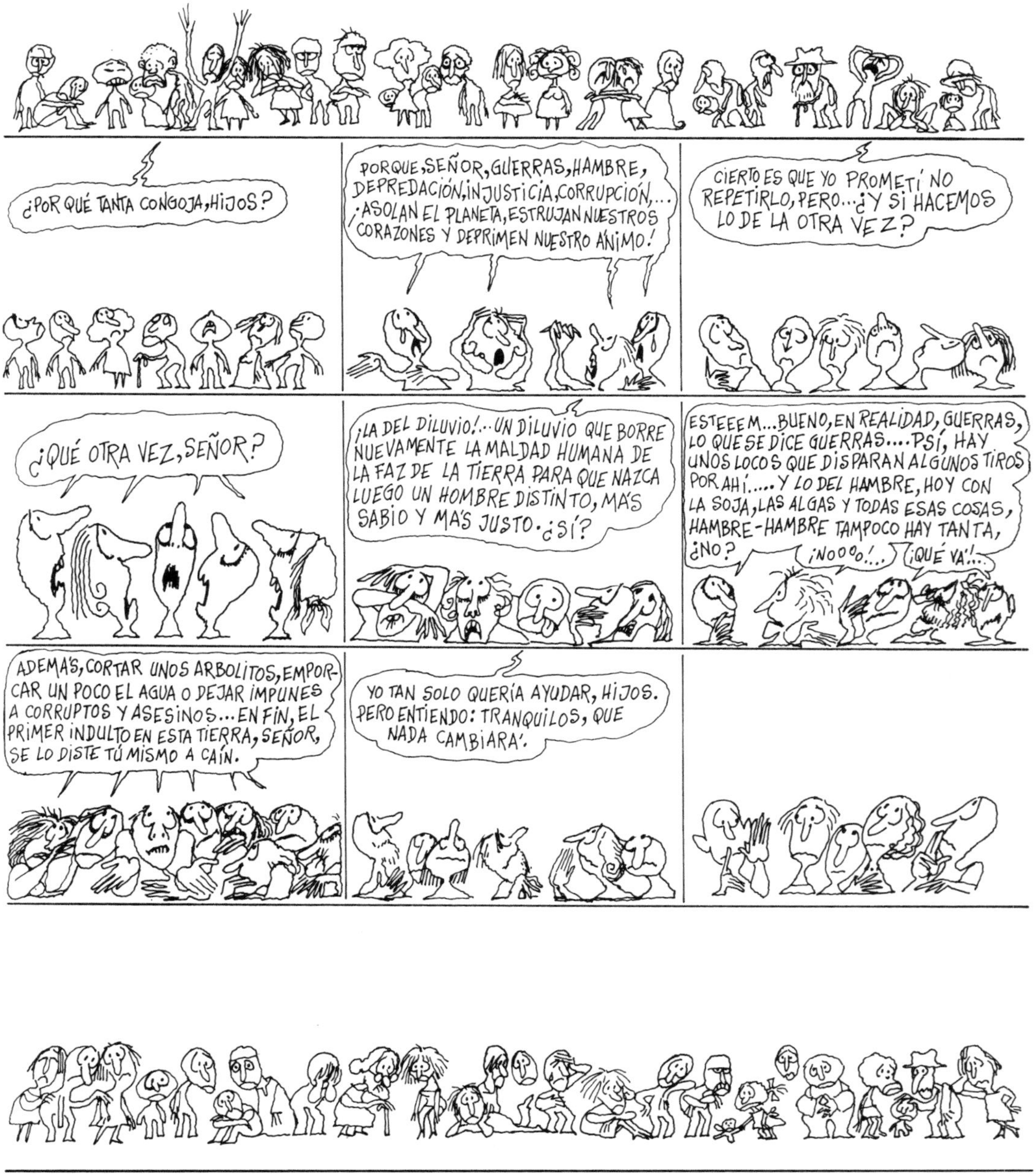
¿POR QUÉ TANTA CONGOJA, HIJOS?
PORQUE, SEÑOR, GUERRAS, HAMBRE, DEPREDACIÓN, INJUSTICIA, CORRUPCIÓN,... ¡ASOLAN EL PLANETA, ESTRUJAN NUESTROS CORAZONES Y DEPRIMEN NUESTRO ÁNIMO!
CIERTO ES QUE YO PROMETÍ NO REPETIRLO, PERO... ¿Y SI HACEMOS LO DE LA OTRA VEZ?
¿QUÉ OTRA VEZ, SEÑOR?
¡LA DEL DILUVIO!... UN DILUVIO QUE BORRE NUEVAMENTE LA MALDAD HUMANA DE LA FAZ DE LA TIERRA PARA QUE NAZCA LUEGO UN HOMBRE DISTINTO, MÁS SABIO Y MÁS JUSTO. ¿SÍ?
ESTEEEM... BUENO, EN REALIDAD, GUERRAS, LO QUE SE DICE GUERRAS.... PSÍ, HAY UNOS LOCOS QUE DISPARAN ALGUNOS TIROS POR AHÍ..... Y LO DEL HAMBRE, HOY CON LA SOJA, LAS ALGAS Y TODAS ESAS COSAS, HAMBRE-HAMBRE TAMPOCO HAY TANTA, ¿NO?
¡NOooo!...
¡QUÉ VA!...
ADEMÁS, CORTAR UNOS ARBOLITOS, EMPORCAR UN POCO EL AGUA O DEJAR IMPUNES A CORRUPTOS Y ASESINOS... EN FIN, EL PRIMER INDULTO EN ESTA TIERRA, SEÑOR, SE LO DISTE TÚ MISMO A CAÍN.
YO TAN SOLO QUERÍA AYUDAR, HIJOS. PERO ENTIENDO: TRANQUILOS, QUE NADA CAMBIARÁ.

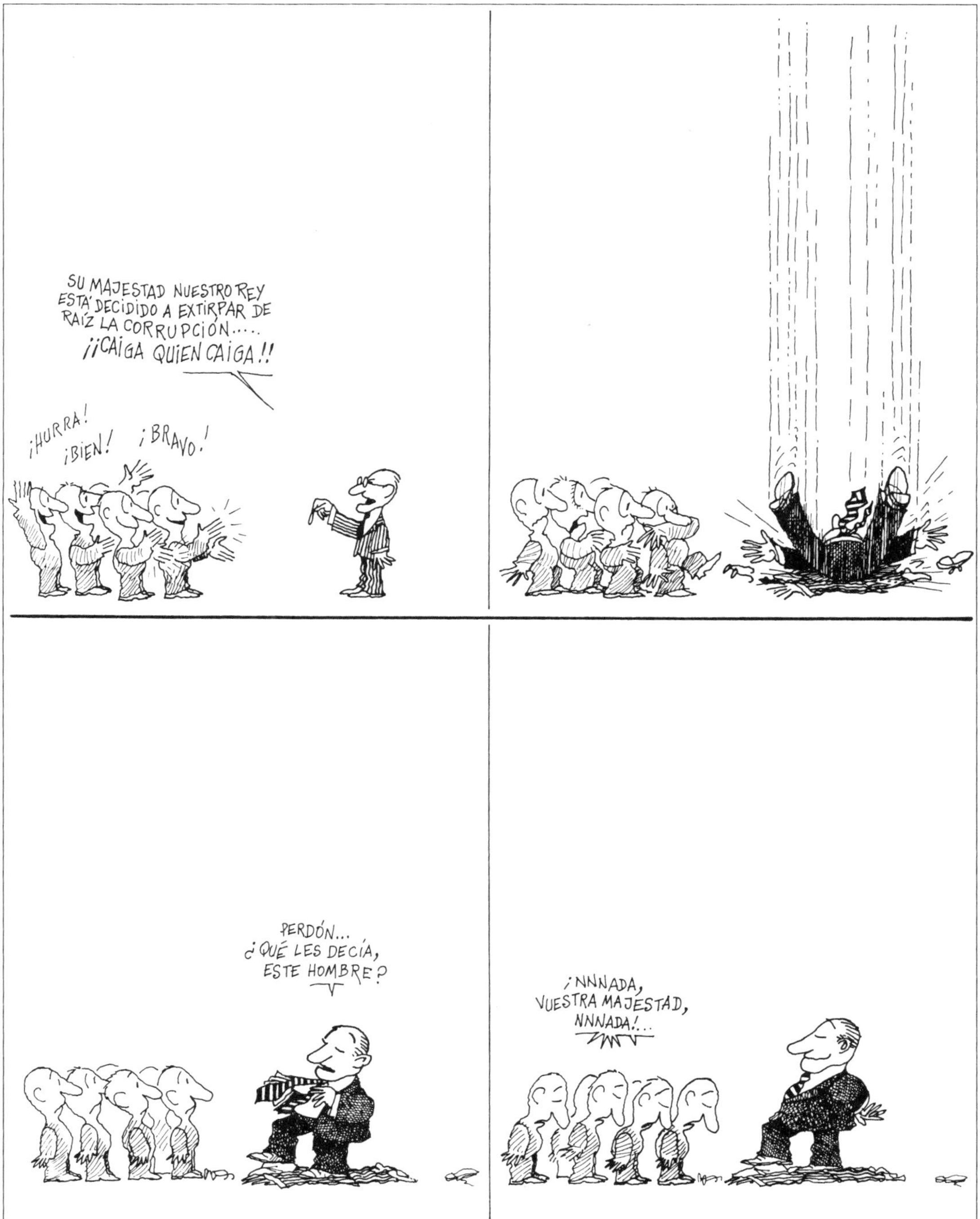
SU MAJESTAD NUESTRO REY ESTÁ DECIDIDO A EXTIRPAR DE RAÍZ LA CORRUPCIÓN..... ¡¡CAIGA QUIEN CAIGA!!
¡HURRA!
¡BIEN!
¡BRAVO!
PERDÓN... ¿QUÉ LES DECÍA, ESTE HOMBRE?
¡NNNADA, VUESTRA MAJESTAD, NNNADA!...

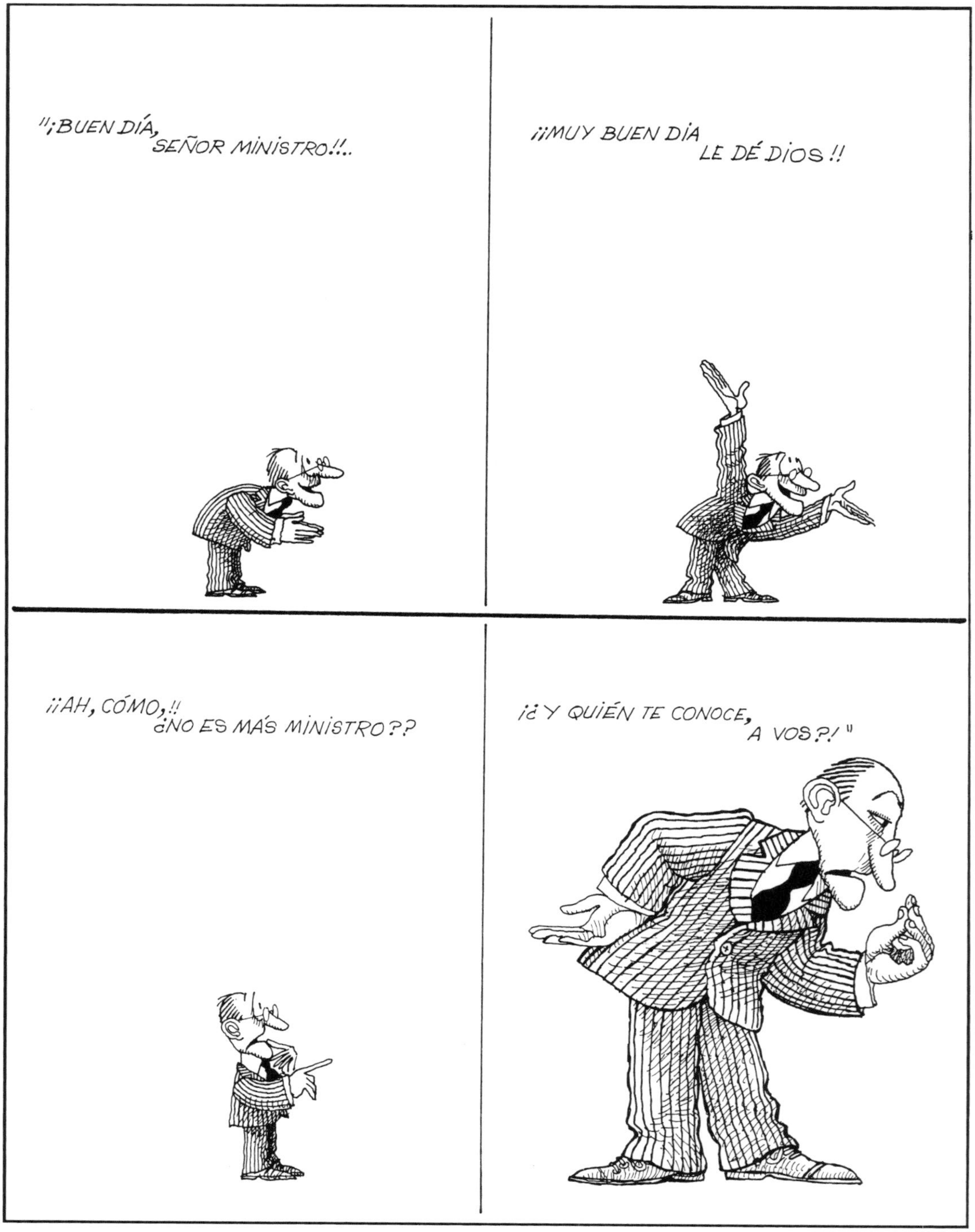
"¡BUEN DÍA, SEÑOR MINISTRO!!..
¡¡MUY BUEN DIA LE DÉ DIOS!!
¡¡AH, CÓMO,!! ¿NO ES MÁS MINISTRO??
¡¿Y QUIÉN TE CONOCE, A VOS?!"

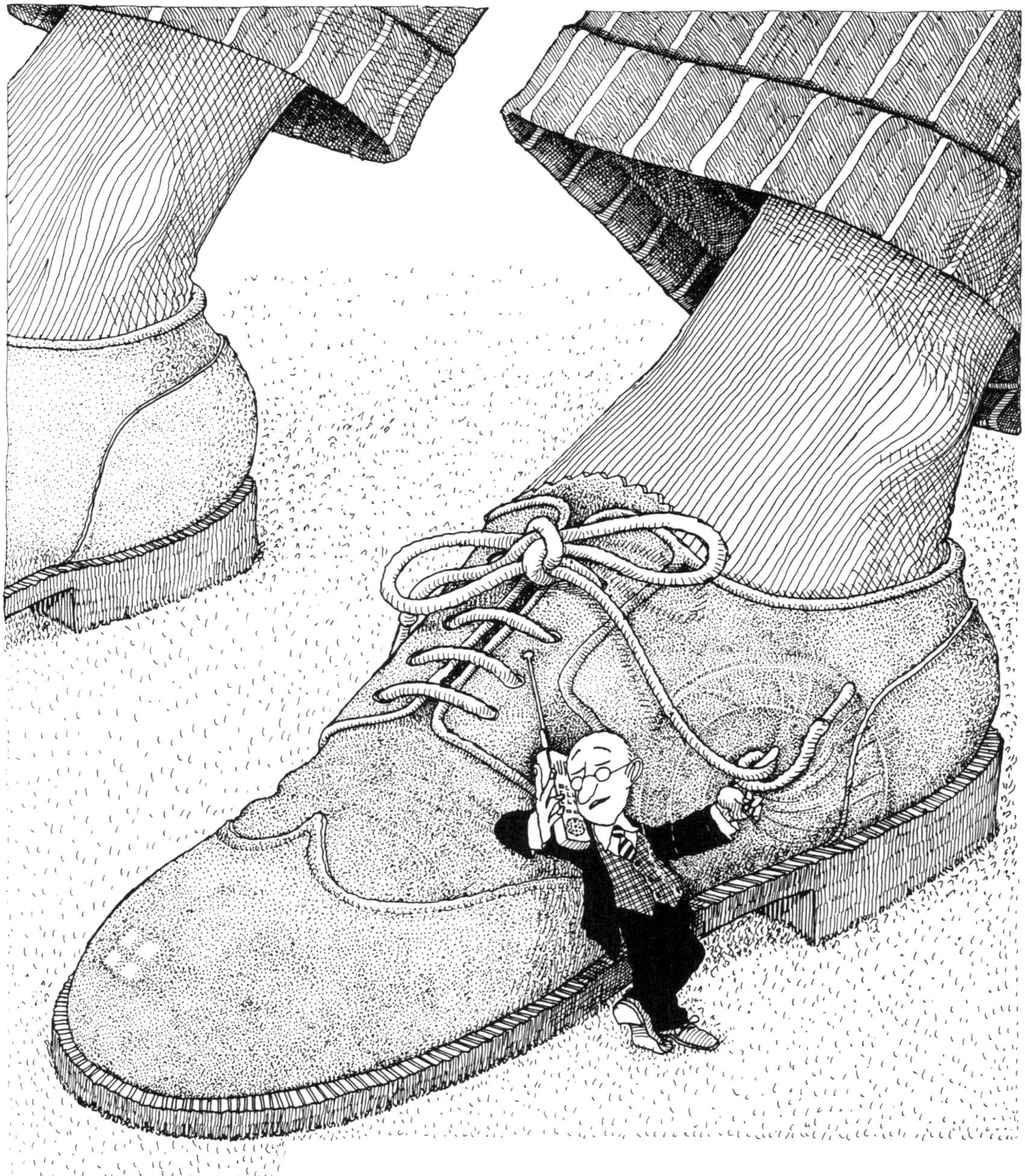

- USTED NO SE PREOCUPE, QUE YO ME ENCARGO DE PLANTEARLE SU CASO AL SEÑOR SUBSECRET.... ¡PERO SÍ!.. QUÉDESE TRANQUILO, QUE SI YO LE DIGO QUE TENGO CONFIANZA CON EL SEÑOR SUBSECRETARIO, ES PORQUE TENGO CONFIANZA CON EL SEÑOR SUBSECRETARIO.

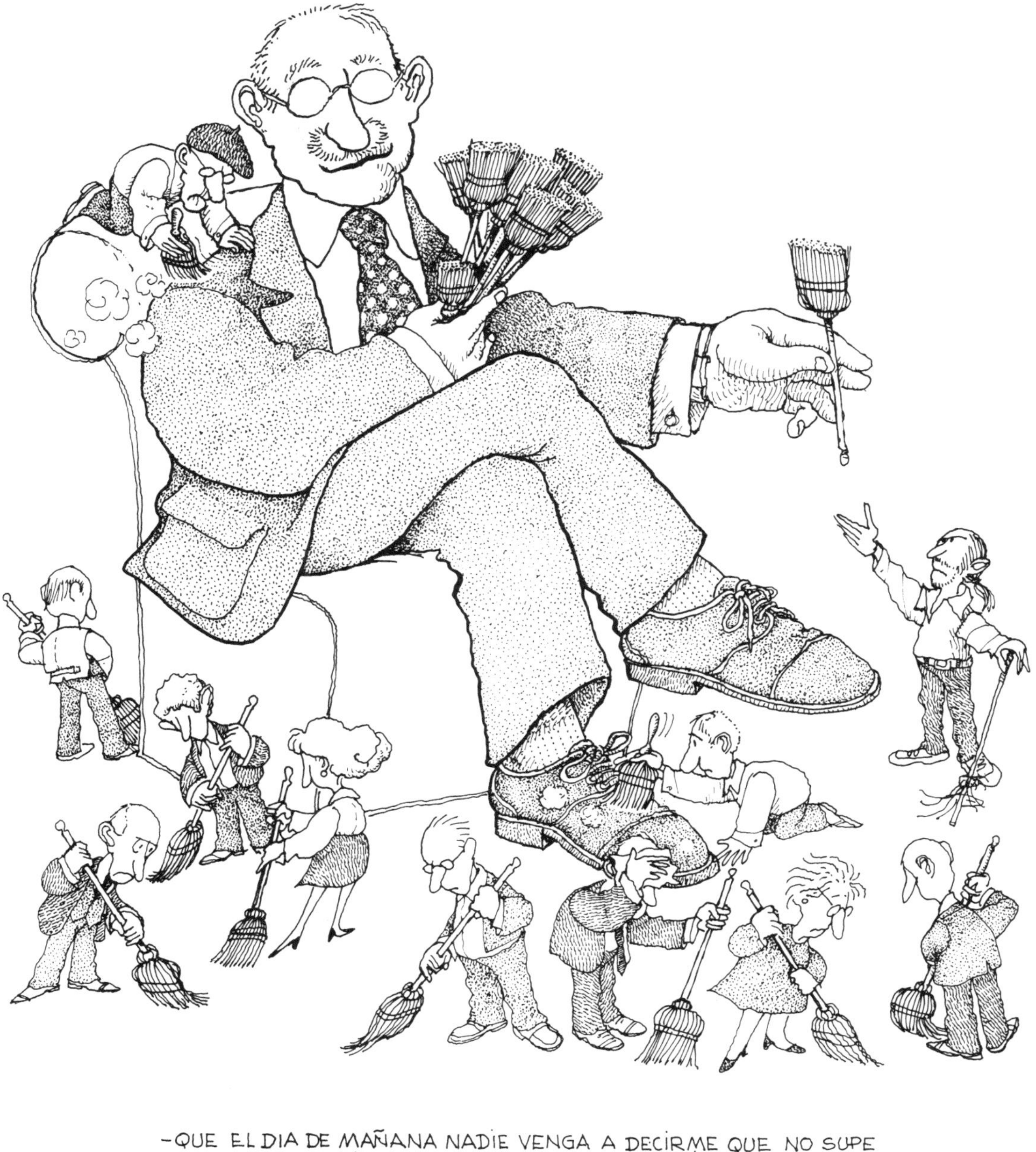

–QUE EL DIA DE MAÑANA NADIE VENGA A DECIRME QUE NO SUPE DARLES A LOS MÍOS TODO LO QUE ELLOS NECESITABAN.

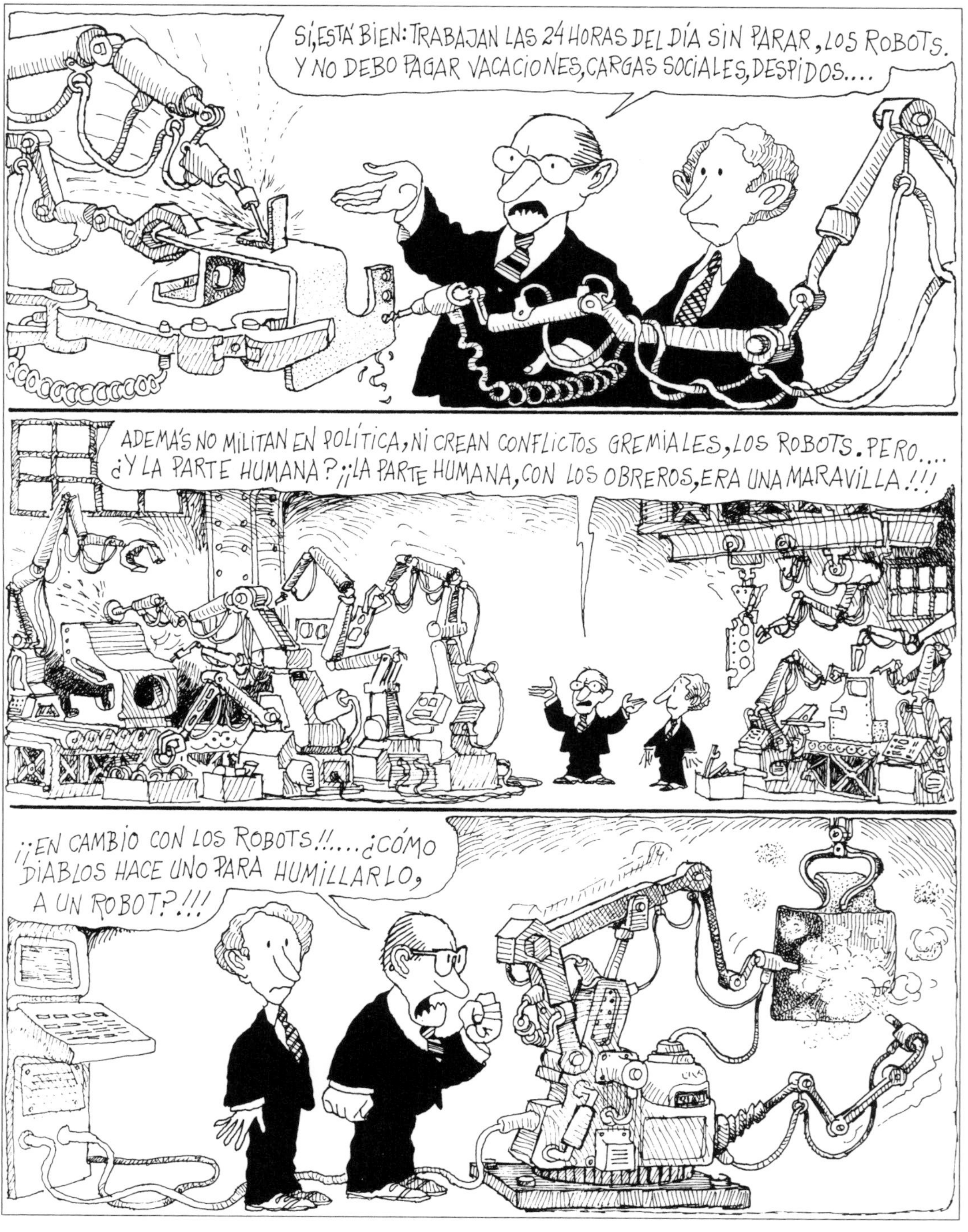
SÍ, ESTÁ BIEN: TRABAJAN LAS 24 HORAS DEL DÍA SIN PARAR, LOS ROBOTS. Y NO DEBO PAGAR VACACIONES, CARGAS SOCIALES, DESPIDOS....
ADEMÁS NO MILITAN EN POLÍTICA, NI CREAN CONFLICTOS GREMIALES, LOS ROBOTS. PERO.... ¿Y LA PARTE HUMANA? ¡¡LA PARTE HUMANA, CON LOS OBREROS, ERA UNA MARAVILLA!!!
¡¡EN CAMBIO CON LOS ROBOTS!!.....¿CÓMO DIABLOS HACE UNO PARA HUMILLARLO, A UN ROBOT?!!!

ESTIMADOS TELESPECTADORES,
INICIAMOS HOY UN NUEVO CICLO, TITULADO:
"LA TECNOLOGÍA AL SERVICIO DEL HOMBRE"
ESTIMADOS TELESPECTADORES,
INICIAMOS HOY UN NUEVO CICLO, TITULADO:
"EL HOMBRE AL SERVICIO DE LA TECNOLOGÍA"

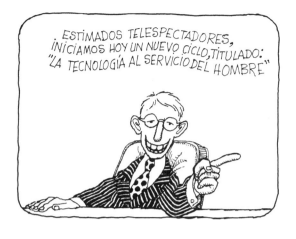

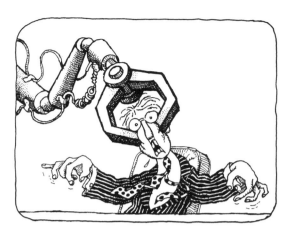

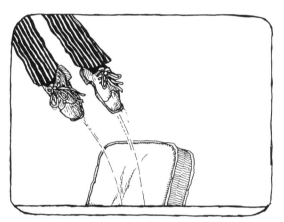

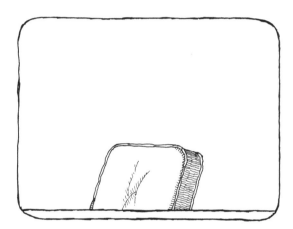

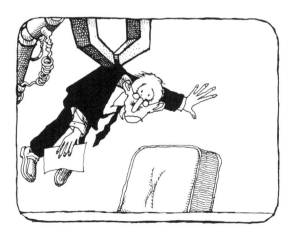

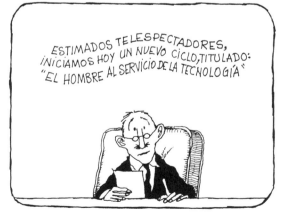

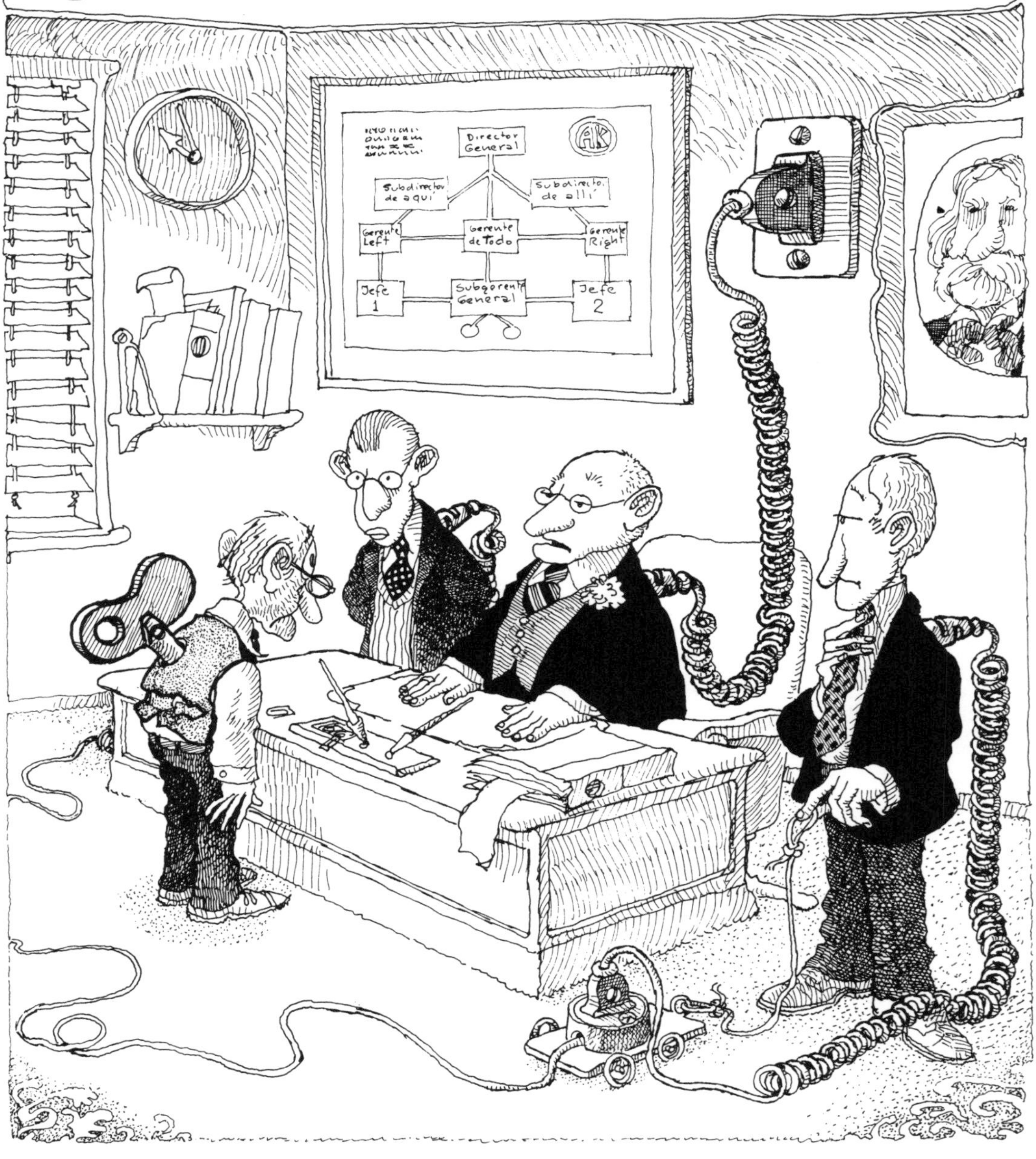

AK
Director General
Subdirector de aquí
Subdirecto de allí
Gerente Left
Gerente de Todo
Gerente Right
Jefe 1
Subgerente General
Jefe 2

~CREAME QUE LUEGO DE COMPARTIR CON USTED TANTOS AÑOS DE TRABAJO NOS RESULTA MUY PENOSO DEBER NOTIFICARLE QUE DE ACUERDO A LA ÚLTIMA REESTRUCTURACIÓN DE LA EMPRESA USTED HA SIDO DECLARADO "*PERSONAL OBSOLETO*".

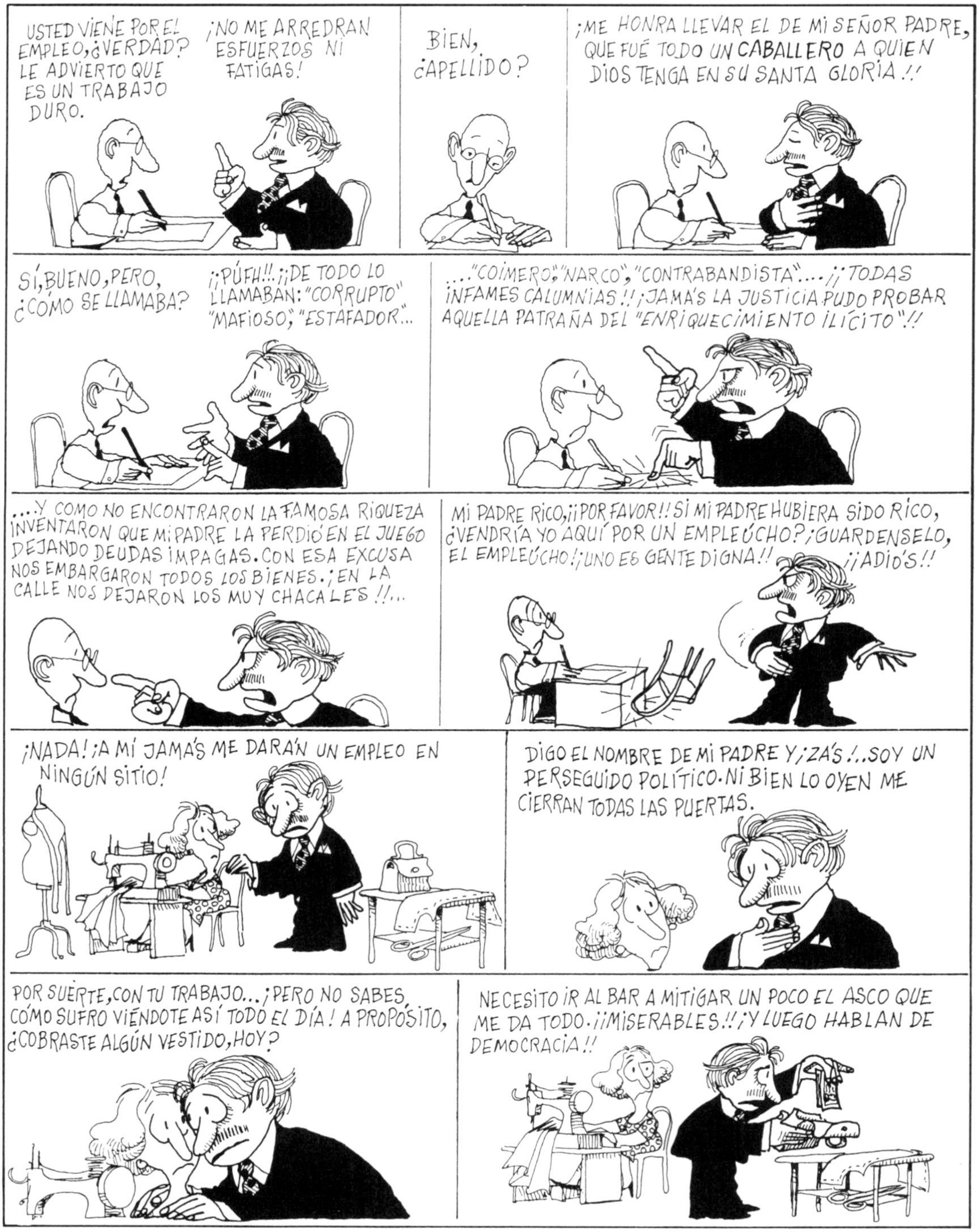
USTED VIENE POR EL EMPLEO, ¿VERDAD? LE ADVIERTO QUE ES UN TRABAJO DURO.
¡NO ME ARREDRAN ESFUERZOS NI FATIGAS!
BIEN, ¿APELLIDO?
¡ME HONRA LLEVAR EL DE MI SEÑOR PADRE, QUE FUÉ TODO UN CABALLERO A QUIEN DIOS TENGA EN SU SANTA GLORIA!!
SÍ, BUENO, PERO, ¿CÓMO SE LLAMABA?
¡¡PÚFH!! ¡¡DE TODO LO LLAMABAN: "CORRUPTO" "MAFIOSO", "ESTAFADOR"...
..."COIMERO", "NARCO", "CONTRABANDISTA"... ¡¡TODAS INFAMES CALUMNIAS!! ¡JAMÁS LA JUSTICIA PUDO PROBAR AQUELLA PATRAÑA DEL "ENRIQUECIMIENTO ILÍCITO"!!
...Y COMO NO ENCONTRARON LA FAMOSA RIQUEZA INVENTARON QUE MI PADRE LA PERDIÓ EN EL JUEGO DEJANDO DEUDAS IMPAGAS. CON ESA EXCUSA NOS EMBARGARON TODOS LOS BIENES. ¡EN LA CALLE NOS DEJARON LOS MUY CHACALES!!...
MI PADRE RICO, ¡¡POR FAVOR!! SI MI PADRE HUBIERA SIDO RICO, ¿VENDRÍA YO AQUÍ POR UN EMPLEÚCHO? ¡GUARDENSELO, EL EMPLEÚCHO! ¡UNO ES GENTE DIGNA!!
¡¡ADIÓS!!
¡NADA! ¡A MÍ JAMÁS ME DARÁN UN EMPLEO EN NINGÚN SITIO!
DIGO EL NOMBRE DE MI PADRE Y, ¡ZÁS!.. SOY UN PERSEGUIDO POLÍTICO. NI BIEN LO OYEN ME CIERRAN TODAS LAS PUERTAS.
POR SUERTE, CON TU TRABAJO... ¡PERO NO SABES CÓMO SUFRO VIÉNDOTE ASÍ TODO EL DÍA! A PROPÓSITO, ¿COBRASTE ALGÚN VESTIDO, HOY?
NECESITO IR AL BAR A MITIGAR UN POCO EL ASCO QUE ME DA TODO. ¡¡MISERABLES!! ¡Y LUEGO HABLAN DE DEMOCRACIA!!

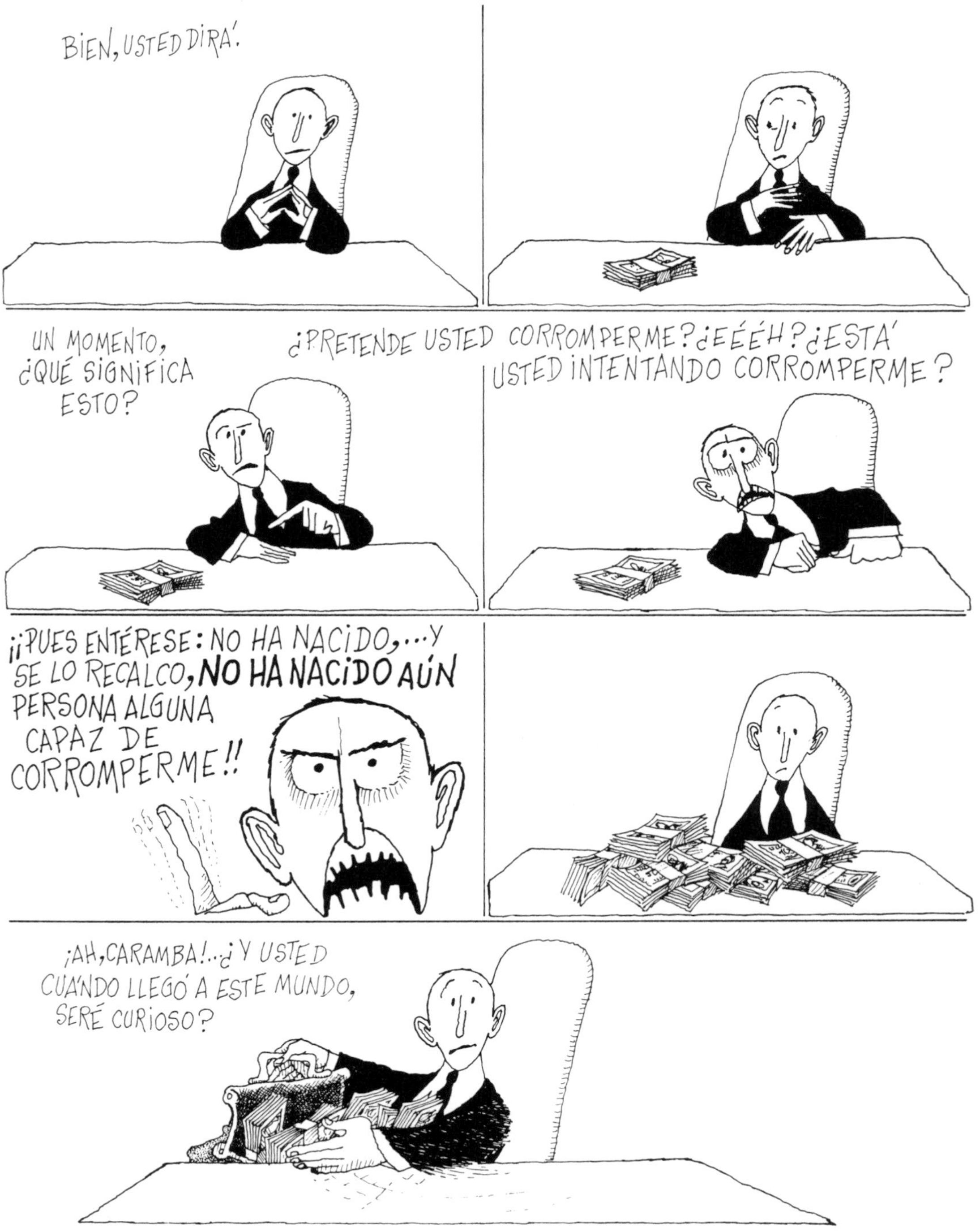
BIEN, USTED DIRÁ.
UN MOMENTO, ¿QUÉ SIGNIFICA ESTO?
¿PRETENDE USTED CORROMPERME? ¿EÉÉH? ¿ESTÁ USTED INTENTANDO CORROMPERME?
¡¡PUES ENTÉRESE: NO HA NACIDO,...Y SE LO RECALCO, NO HA NACIDO AÚN PERSONA ALGUNA CAPAZ DE CORROMPERME!!
¡AH, CARAMBA!...¿Y USTED CUÁNDO LLEGÓ A ESTE MUNDO, SERÉ CURIOSO?

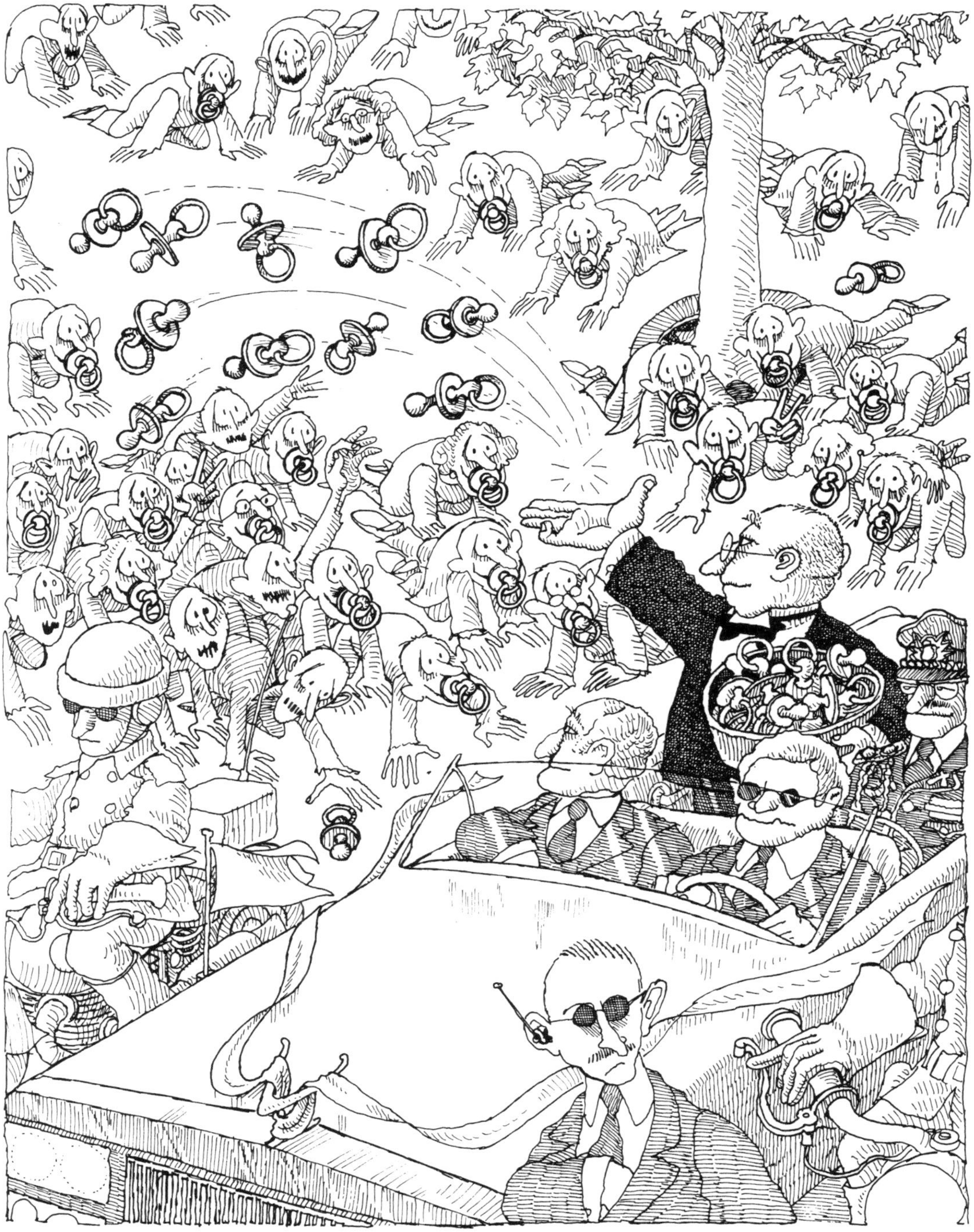

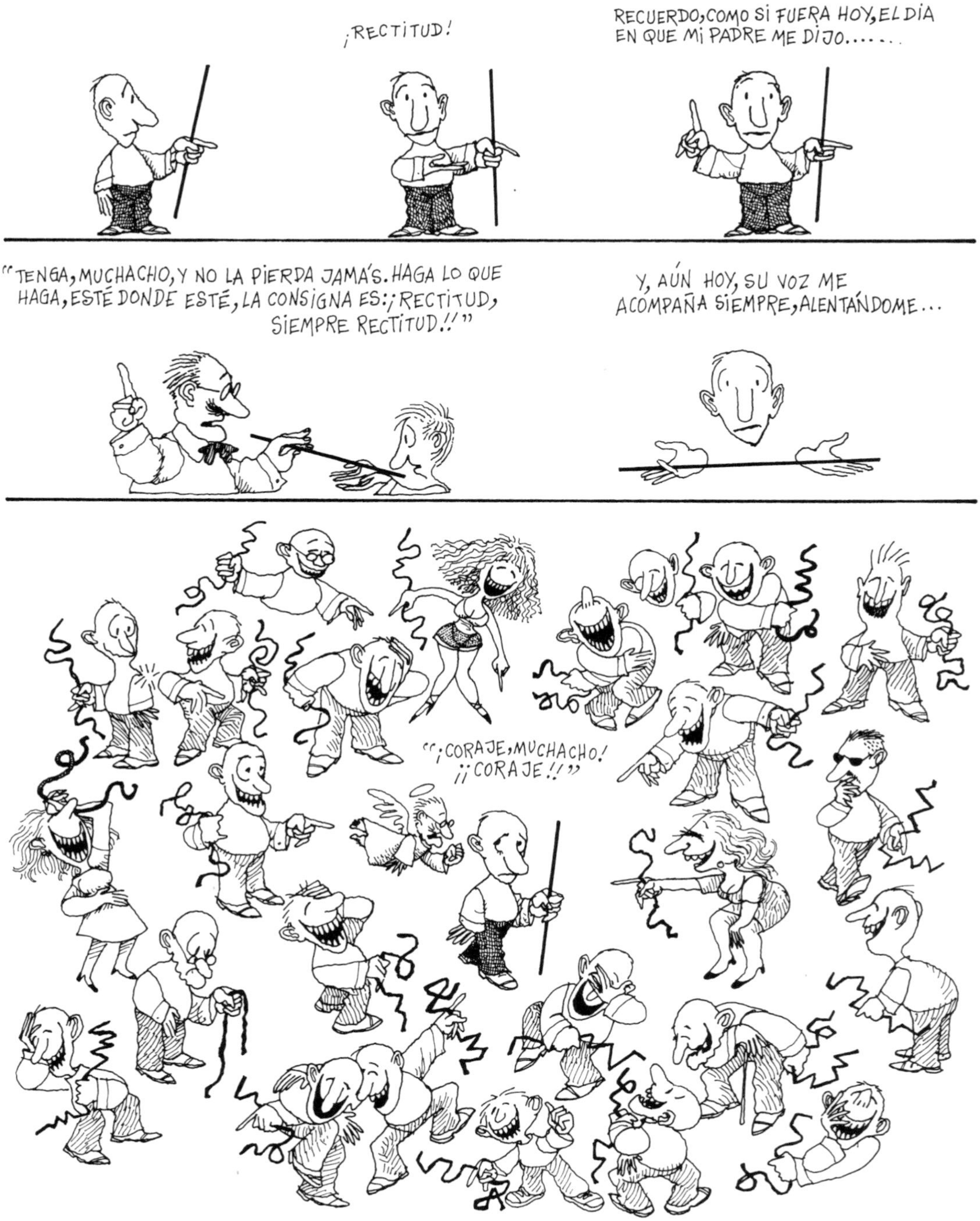
¡RECTITUD!
RECUERDO, COMO SI FUERA HOY, EL DIA EN QUE MI PADRE ME DIJO......
"TENGA, MUCHACHO, Y NO LA PIERDA JAMÁS. HAGA LO QUE HAGA, ESTÉ DONDE ESTÉ, LA CONSIGNA ES: ¡RECTITUD, SIEMPRE RECTITUD!!"
Y, AÚN HOY, SU VOZ ME ACOMPAÑA SIEMPRE, ALENTÁNDOME...
"¡CORAJE, MUCHACHO! ¡¡CORAJE!!"

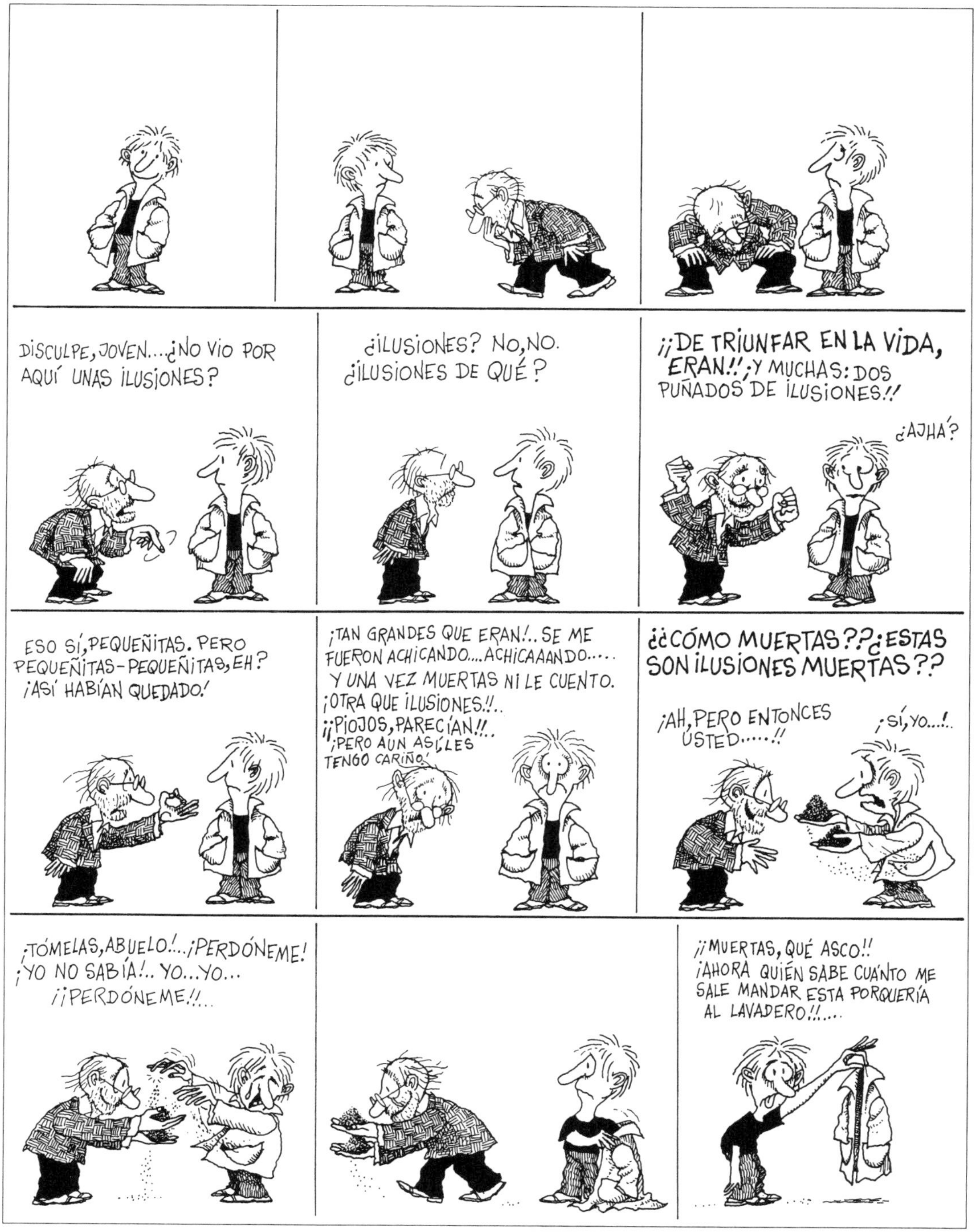
DISCULPE, JOVEN....¿NO VIO POR AQUÍ UNAS ILUSIONES?
¿ILUSIONES? NO, NO. ¿ILUSIONES DE QUÉ?
¡¡DE TRIUNFAR EN LA VIDA, ERAN!! ¡Y MUCHAS: DOS PUÑADOS DE ILUSIONES!!
¿AJHÁ?
ESO SÍ, PEQUEÑITAS. PERO PEQUEÑITAS-PEQUEÑITAS, EH? ¡ASÍ HABÍAN QUEDADO!
¡TAN GRANDES QUE ERAN!.. SE ME FUERON ACHICANDO.... ACHICAAANDO..... Y UNA VEZ MUERTAS NI LE CUENTO. ¡OTRA QUE ILUSIONES!.. ¡¡PIOJOS, PARECÍAN!!..
¡PERO AUN ASÍ, LES TENGO CARIÑO!
¿¿CÓMO MUERTAS??¿ESTAS SON ILUSIONES MUERTAS??
¡AH, PERO ENTONCES USTED.....!!
¡SÍ, YO...!..
¡TÓMELAS, ABUELO!...¡PERDÓNEME! ¡YO NO SABÍA!.. YO...YO... ¡¡PERDÓNEME!!...
¡¡MUERTAS, QUÉ ASCO!! ¡AHORA QUIÉN SABE CUÁNTO ME SALE MANDAR ESTA PORQUERÍA AL LAVADERO!!....

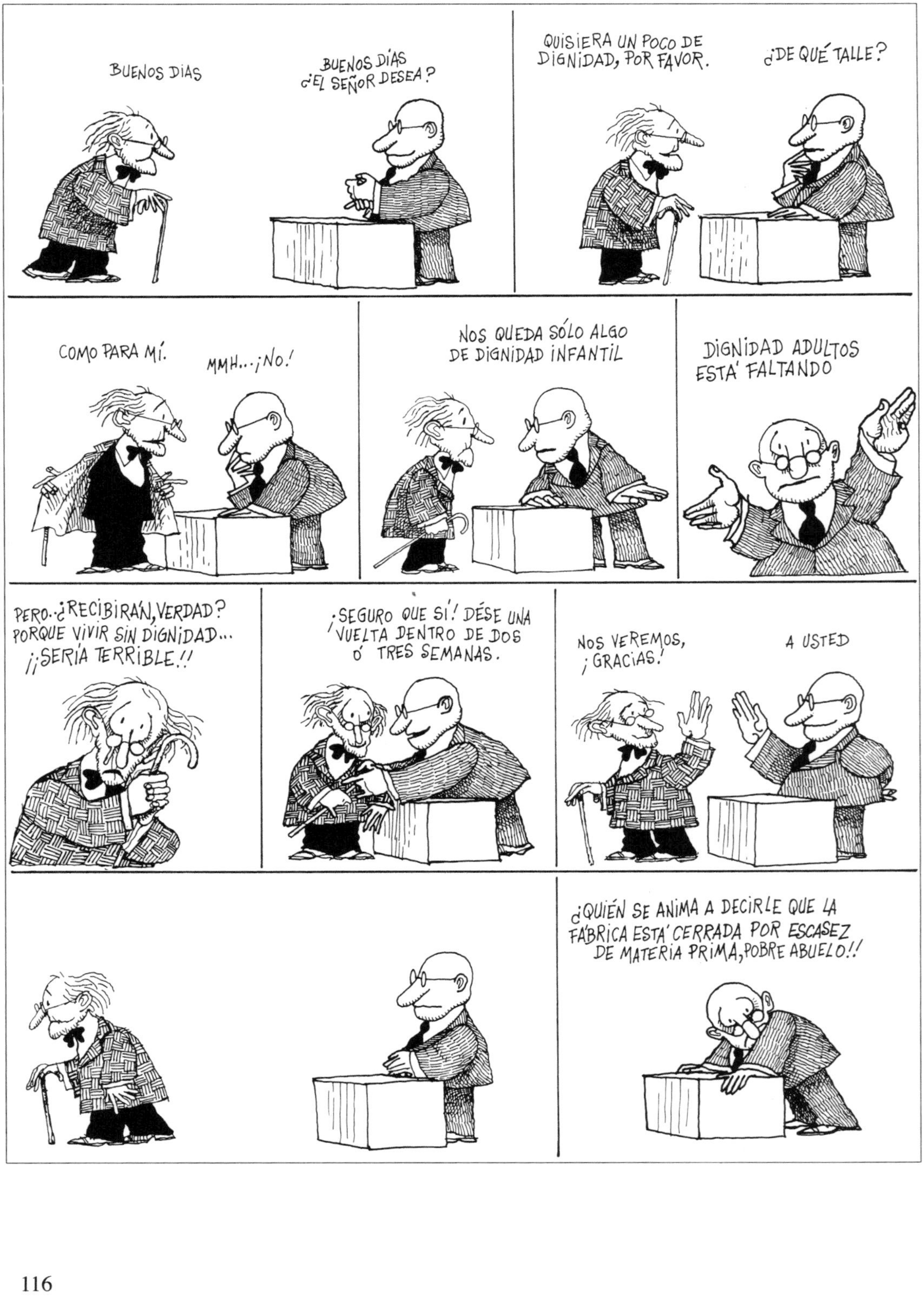
BUENOS DIAS
BUENOS DIAS ¿EL SEÑOR DESEA?
QUISIERA UN POCO DE DIGNIDAD, POR FAVOR.
¿DE QUÉ TALLE?
COMO PARA MÍ.
MMH...¡NO!
NOS QUEDA SÓLO ALGO DE DIGNIDAD INFANTIL
DIGNIDAD ADULTOS ESTÁ FALTANDO
PERO..¿RECIBIRÁN, VERDAD? PORQUE VIVIR SIN DIGNIDAD... ¡¡SERÍA TERRIBLE!!
¡SEGURO QUE SÍ! DÉSE UNA VUELTA DENTRO DE DOS Ó TRES SEMANAS.
NOS VEREMOS, ¡GRACIAS!
A USTED
¿QUIÉN SE ANIMA A DECIRLE QUE LA FÁBRICA ESTÁ CERRADA POR ESCASEZ DE MATERIA PRIMA, POBRE ABUELO!!

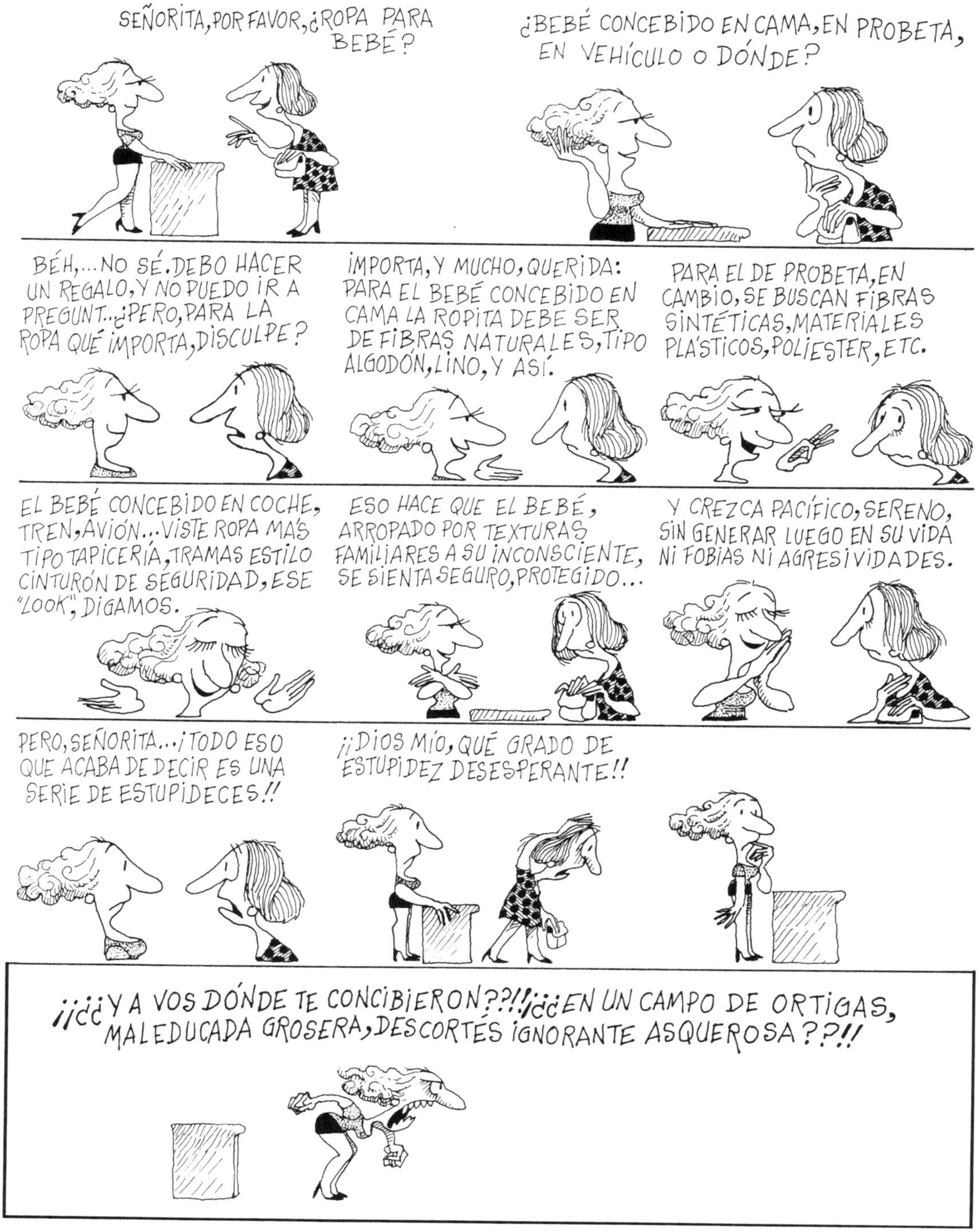

SEÑORITA, POR FAVOR, ¿ROPA PARA BEBÉ?
¿BEBÉ CONCEBIDO EN CAMA, EN PROBETA, EN VEHÍCULO O DÓNDE?
BÉH,... NO SÉ. DEBO HACER UN REGALO, Y NO PUEDO IR A PREGUNT... ¿PERO, PARA LA ROPA QUÉ IMPORTA, DISCULPE?
IMPORTA, Y MUCHO, QUERIDA: PARA EL BEBÉ CONCEBIDO EN CAMA LA ROPITA DEBE SER DE FIBRAS NATURALES, TIPO ALGODÓN, LINO, Y ASÍ.
PARA EL DE PROBETA, EN CAMBIO, SE BUSCAN FIBRAS SINTÉTICAS, MATERIALES PLÁSTICOS, POLIESTER, ETC.
EL BEBÉ CONCEBIDO EN COCHE, TREN, AVIÓN... VISTE ROPA MÁS TIPO TAPICERÍA, TRAMAS ESTILO CINTURÓN DE SEGURIDAD, ESE "LOOK", DIGAMOS.
ESO HACE QUE EL BEBÉ, ARROPADO POR TEXTURAS FAMILIARES A SU INCONSCIENTE, SE SIENTA SEGURO, PROTEGIDO...
Y CREZCA PACÍFICO, SERENO, SIN GENERAR LUEGO EN SU VIDA NI FOBIAS NI AGRESIVIDADES.
PERO, SEÑORITA... ¡TODO ESO QUE ACABA DE DECIR ES UNA SERIE DE ESTUPIDECES!!
¡¡DIOS MÍO, QUÉ GRADO DE ESTUPIDEZ DESESPERANTE!!
¡¡¿¿Y A VOS DÓNDE TE CONCIBIERON??!! ¡¡¿¿EN UN CAMPO DE ORTIGAS, MALEDUCADA GROSERA, DESCORTÉS IGNORANTE ASQUEROSA??!!

¡PÓNK!

DISCULPE, SEÑOR, FUE SIN QUERER. ¿ME PERDONA?

¡PERO SÍ QUE TE PERDONA, HIJITO! ¡EL ABUELO ES BUENO!

¿POR QUÉ LO ENGAÑA? ¡¡NADIE ES BUENO!!

¡¡VAAAMOS, ABUEEELO!! ¡HAY CANTIDAD DE GENTE BUENA!

¡¡MENTIRA!! ¡¡LA HUMANIDAD HA SIDO, ES Y SERÁ SIEMPRE UN ASCO!!

¿CÓMO UN ASCO? JESUCRISTO, MAHATMA GANDHI, MARTIN LUTHER KING,...¿NO FUERON BUENA GENTE?

¡SÍ! ¿Y QUÉ HICIMOS CON ELLOS? ¡¡ASESINARLOS, A LOS TRES!! ¡¡ASÍ DE BUENOS SOMOS!!

PERO,...ESTÁN MADRE TERESA DE CALCUTA...¡¡EL PAPA!!

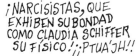

¡NARCISISTAS, QUE EXHIBEN SU BONDAD COMO CLAUDIA SCHIFFER SU FÍSICO! ¡¡PTUA'JH!!

BUENO, ¡¡TAMPOCO EXAGEREMOS, EÉH??!!

¡YO NO EXAGERO, SÓLO QUE NO SOY HIPÓCRITA COMO TODO EL MUNDO!

¡¡MÁH, SSÍÍÍ!!¡¡MORITE, VIEJO INSENSIBLE!!¡¡NO MERECÉS TODO LO QUE LOS DEMÁS HAN HECHO POR VOS!!

¡¡BAZOFIA INMUNDA!!¡¡DESAGRADECIDO!!

Y VOS,...¡¡ANDÁ APRENDIENDO CÓMO TRATAR A ESTOS PODRIDOS PESIMISTAS NEGADORES DE LA BONDAD HUMANA!!

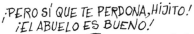

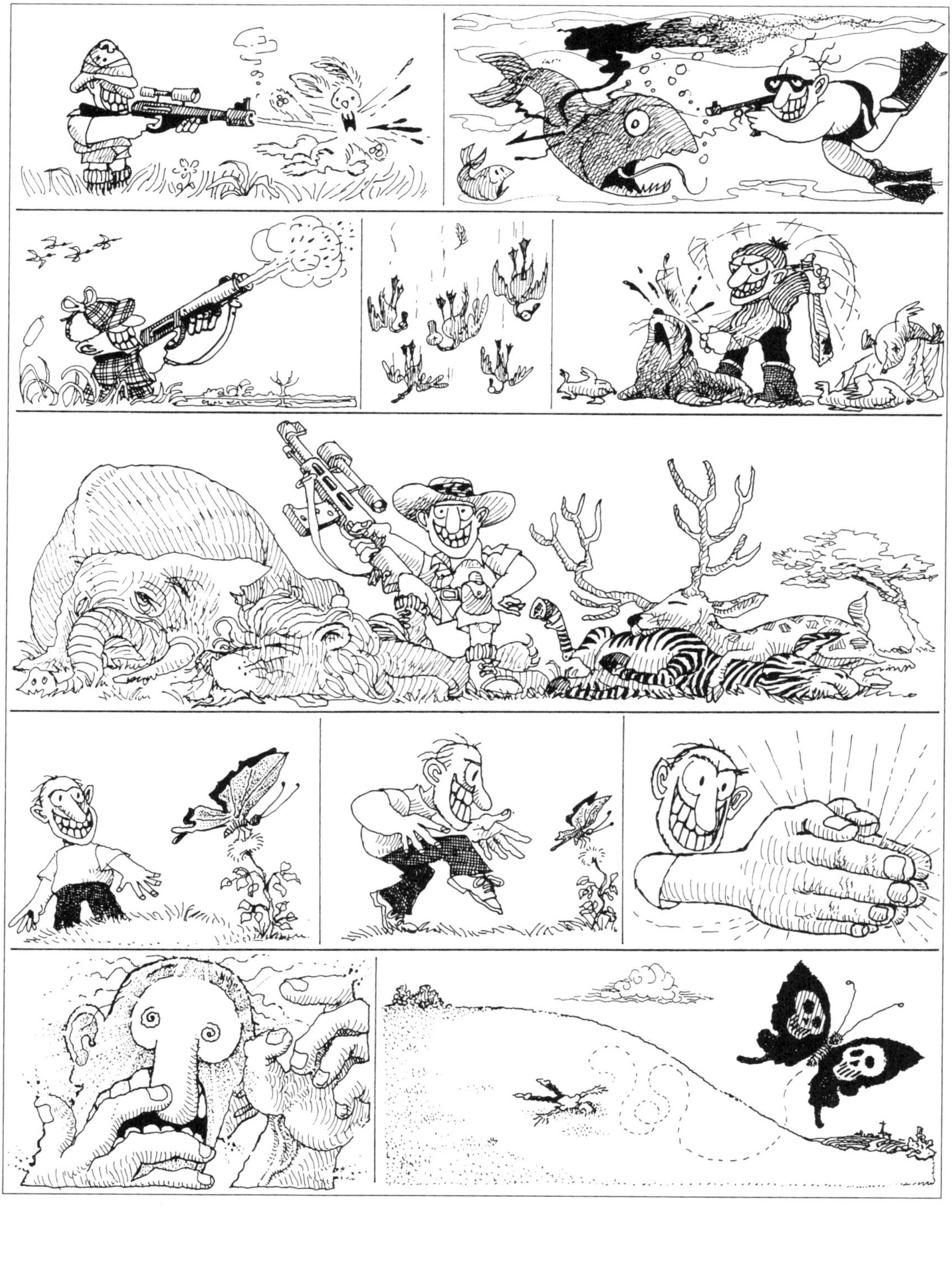

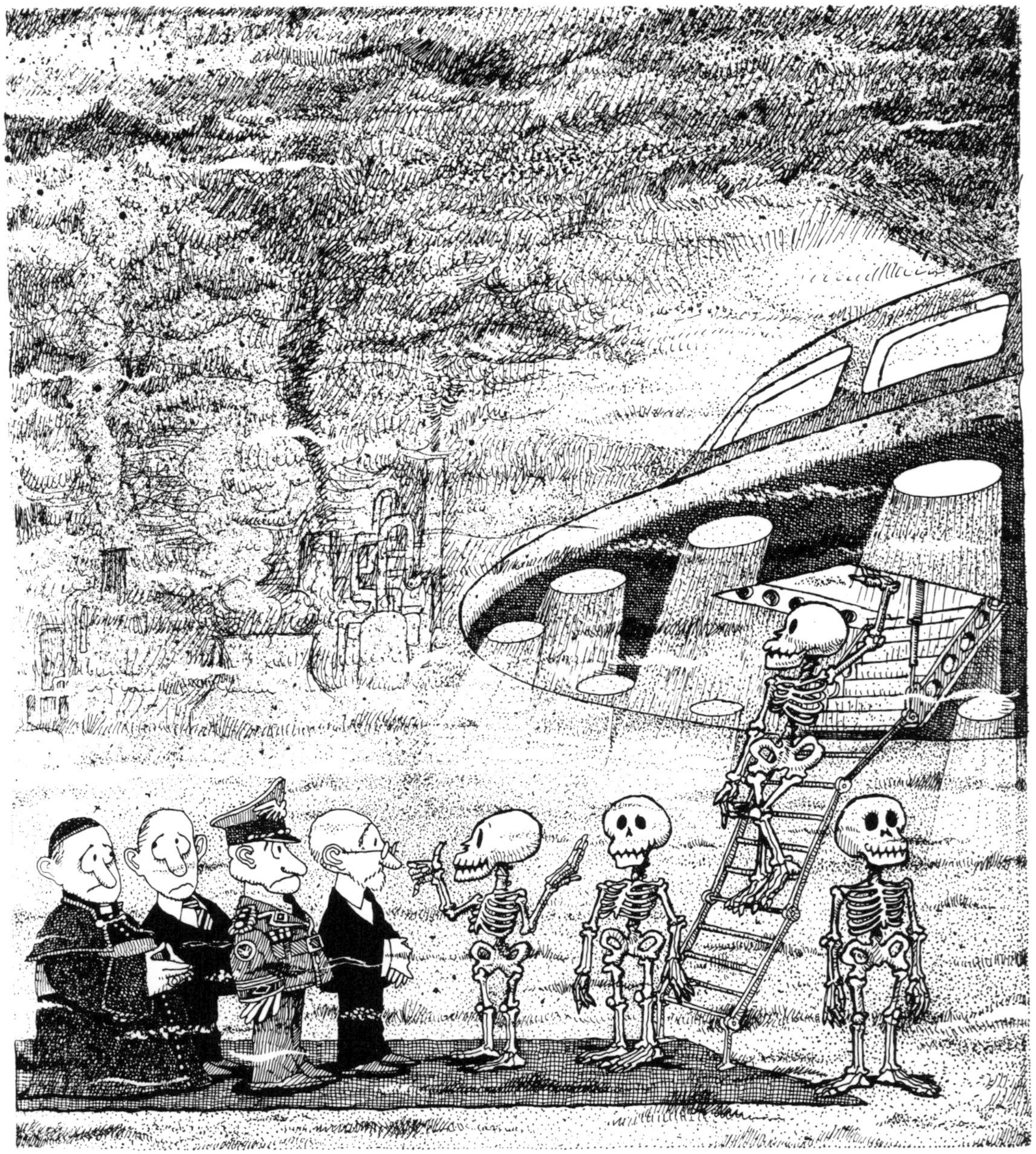

—¡PERO!...¡¿CÓMO?!..¿USTEDES RECIÉN ESTÁN CONTAMINANDO EL PLANETA?...¡¡PÚUH, NOO!!..¡NOSOTROS ESTAMOS YA EN UNA ETAPA MUCHÍSIMO MÁS EVOLUCIONADA!!

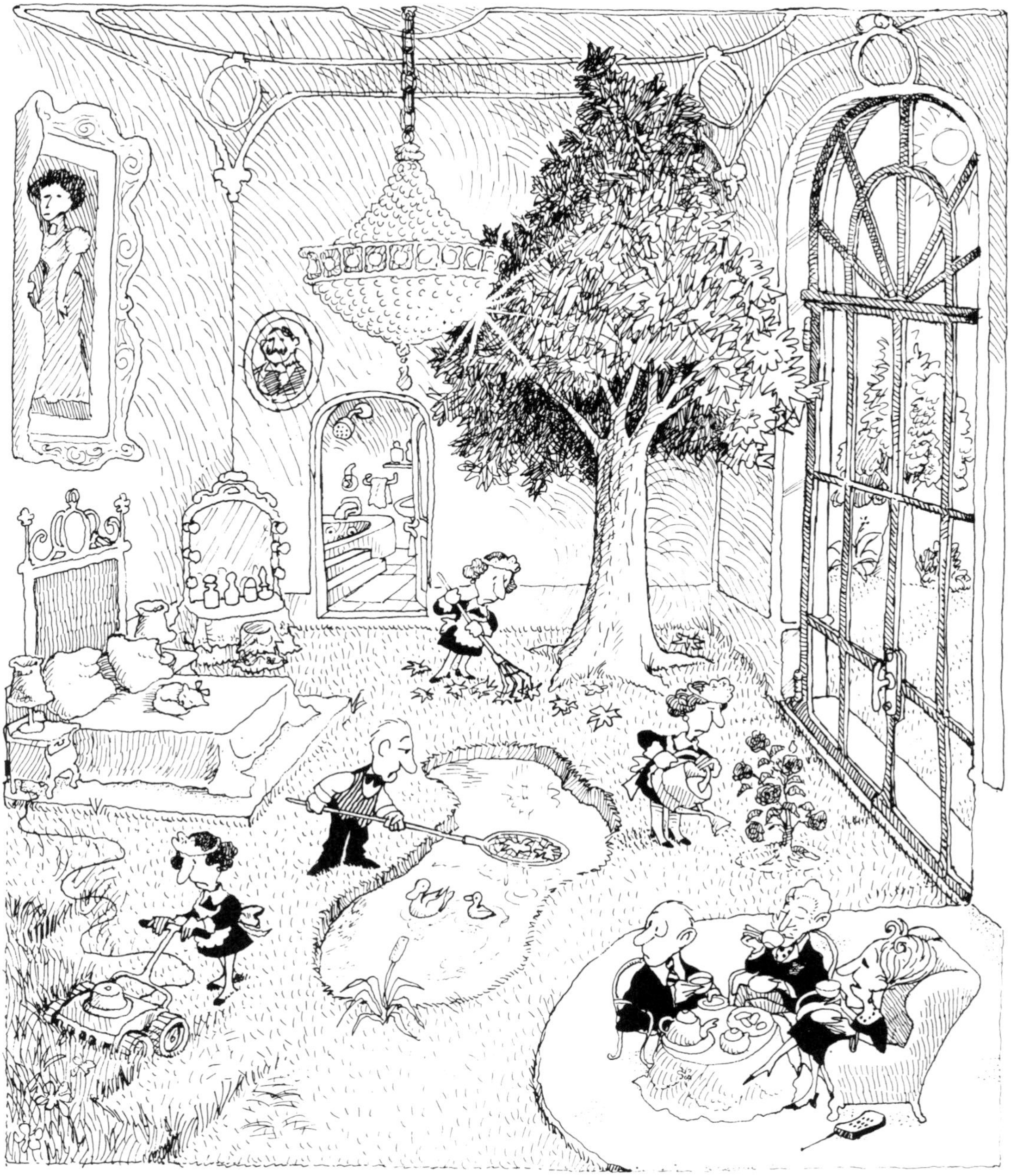

—¡¡AAAAHSSSÍ: A NOSOTROS SIEMPRE NOS GUSTÓ LA SENCILLEZ DE LO NATURAL!!...

VIVIR
NATURAL
MENTE

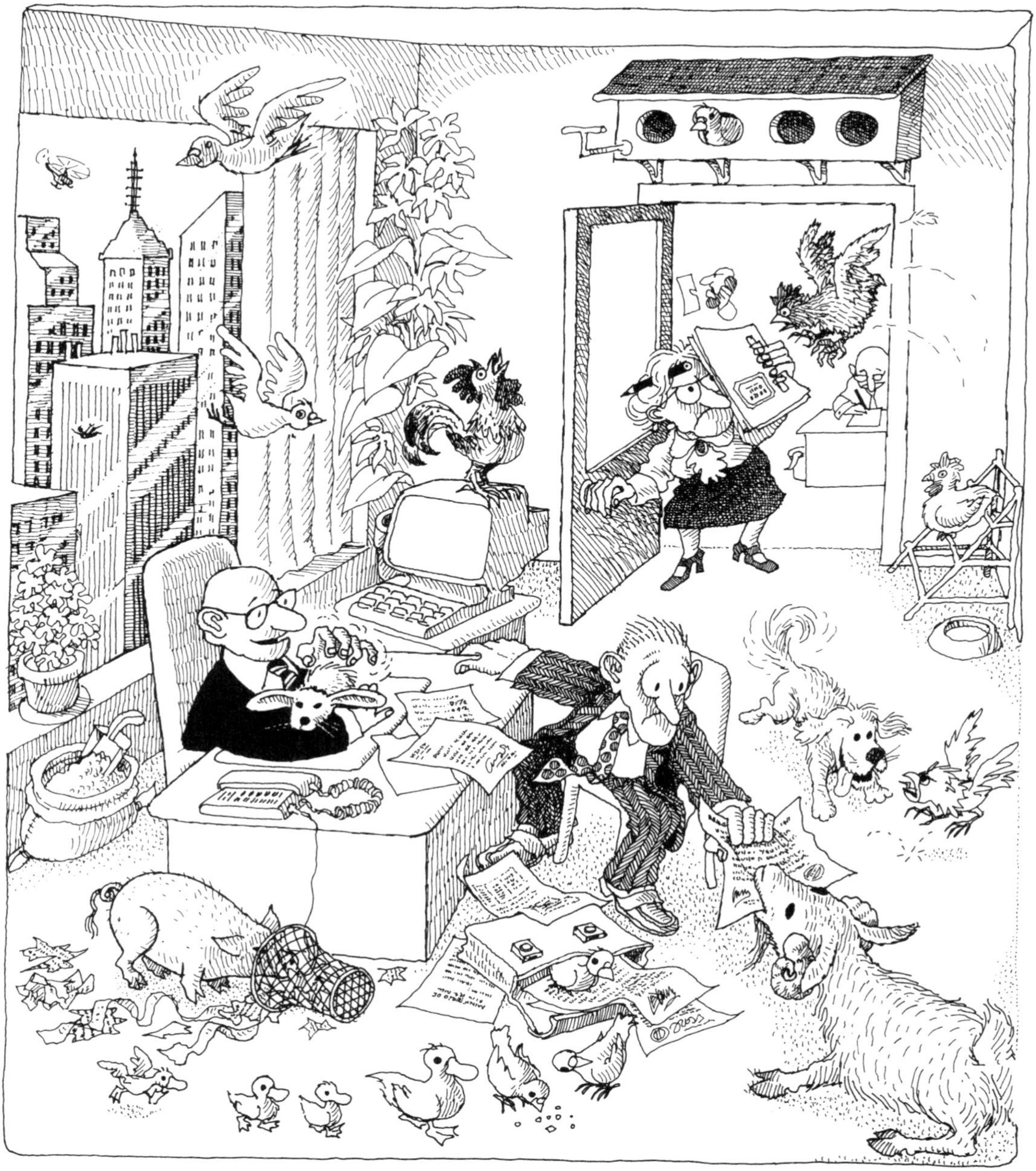

~SÍ, CLARO, NO ES COMO VIVIR EN EL CAMPO, PERO NO ME DIRÁ QUE EN MEDIO DE TODA LA LOCURA, EL ANSIA, LA NEUROSIS Y EL *STRESS* QUE PRODUCE LA CIUDAD, TRAER UN POCO DE ESTA SERENA PAZ RURAL NO LE CALMA EL ESPÍRITU A CUALQUIERA.

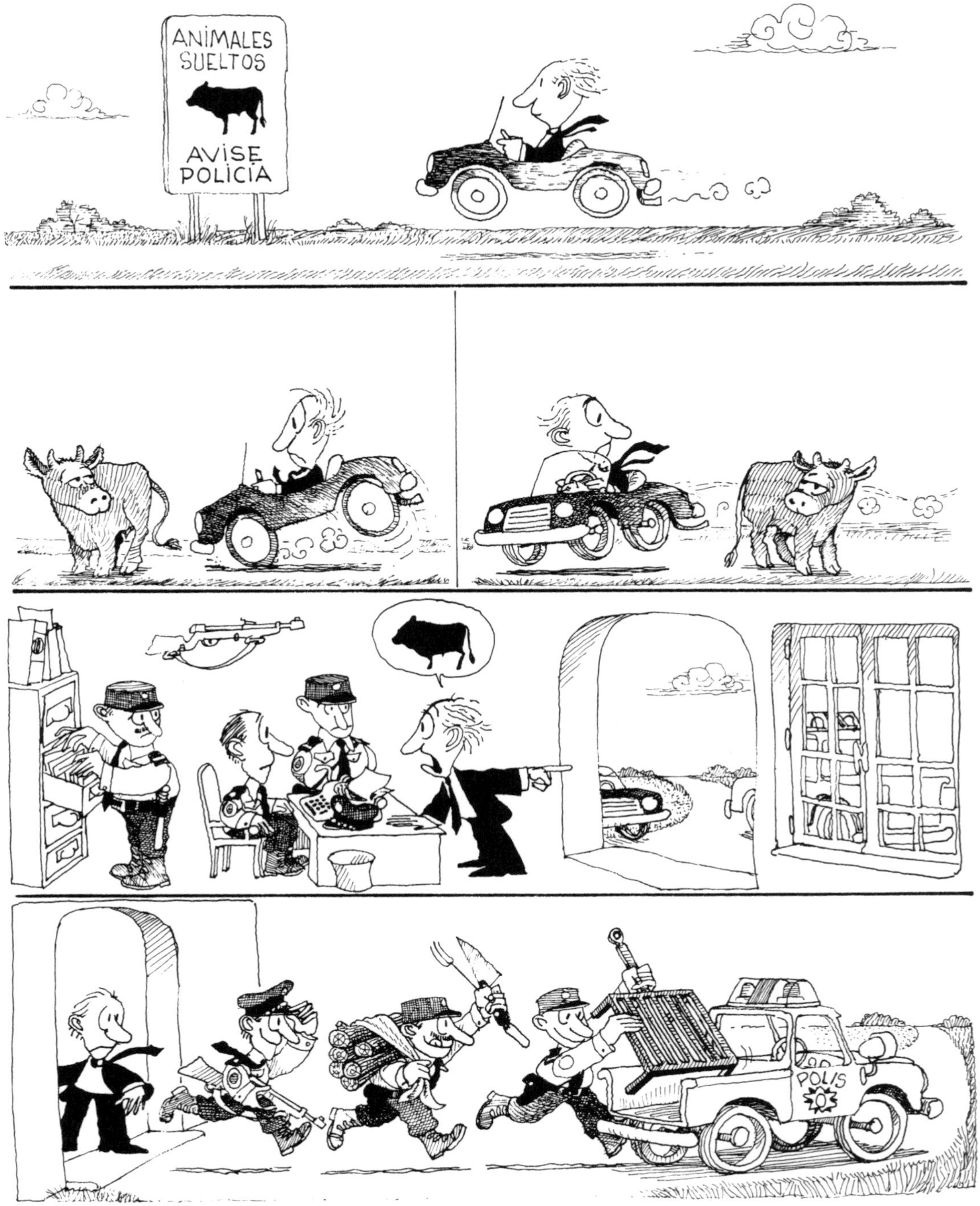
ANIMALES
SUELTOS
AVISE
POLICIA
POLIS

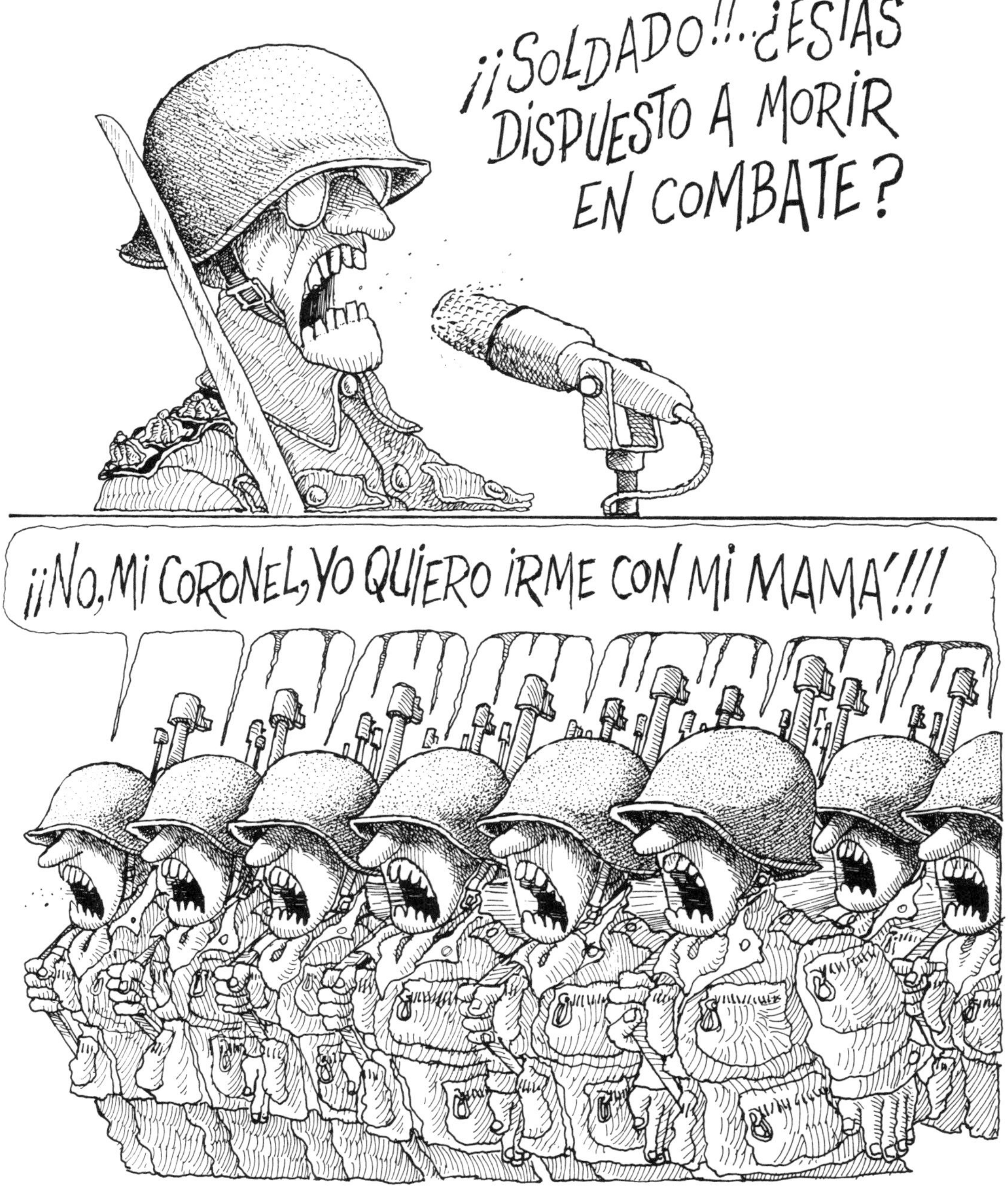
¡¡SOLDADO!!..¿ESTÁS DISPUESTO A MORIR EN COMBATE?
¡¡NO, MI CORONEL, YO QUIERO IRME CON MI MAMÁ!!!

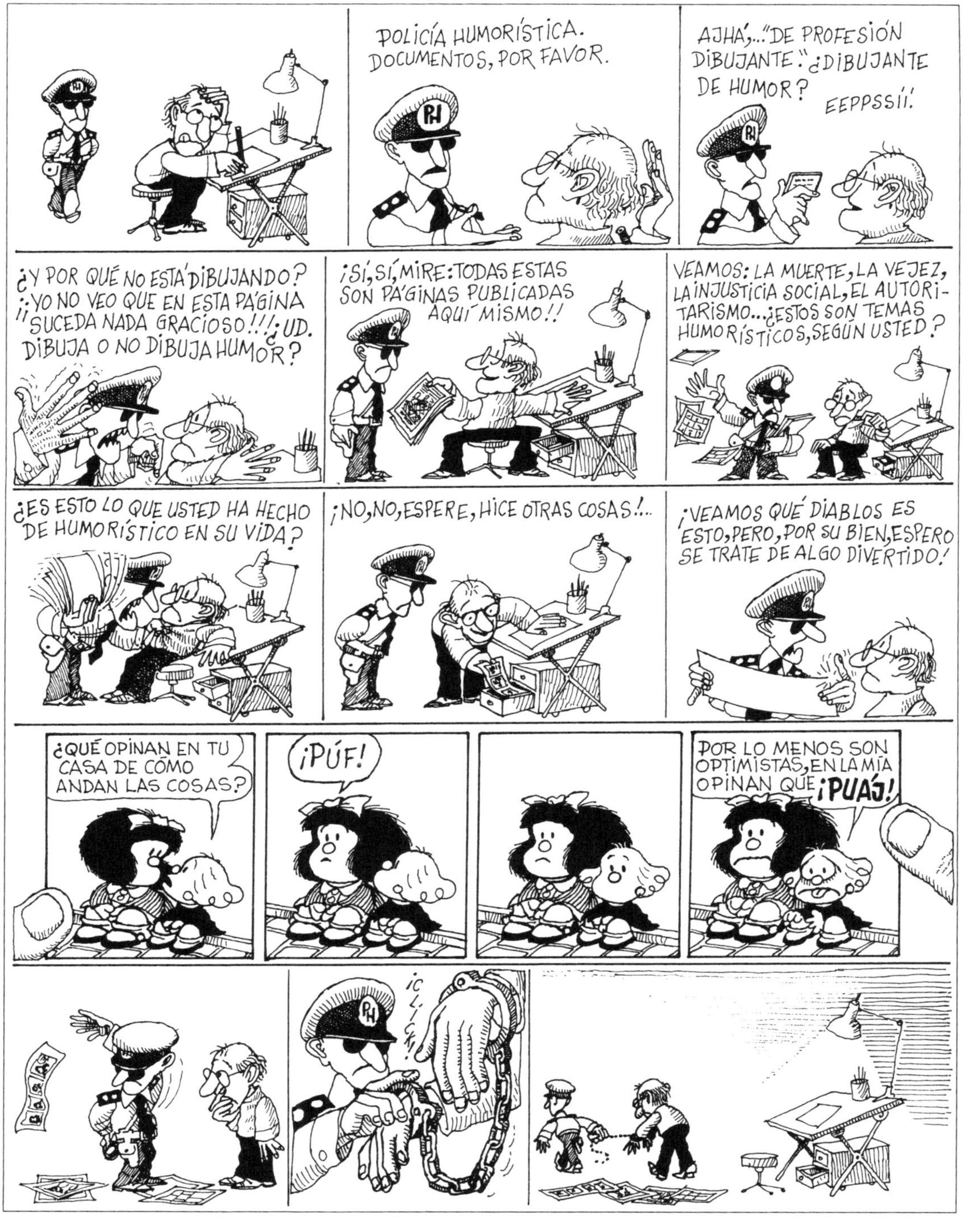
POLICÍA HUMORÍSTICA. DOCUMENTOS, POR FAVOR.
AJHÁ,..."DE PROFESIÓN DIBUJANTE". ¿DIBUJANTE DE HUMOR?
EEPPSSII!
¿Y POR QUÉ NO ESTÁ DIBUJANDO? ¡¡YO NO VEO QUE EN ESTA PÁGINA SUCEDA NADA GRACIOSO!!! ¿UD. DIBUJA O NO DIBUJA HUMOR?
¡SÍ, SÍ, MIRE: TODAS ESTAS SON PÁGINAS PUBLICADAS AQUÍ MISMO!!
VEAMOS: LA MUERTE, LA VEJEZ, LA INJUSTICIA SOCIAL, EL AUTORITARISMO... ¿ESTOS SON TEMAS HUMORÍSTICOS, SEGÚN USTED?
¿ES ESTO LO QUE USTED HA HECHO DE HUMORÍSTICO EN SU VIDA?
¡NO, NO, ESPERE, HICE OTRAS COSAS!...
¡VEAMOS QUÉ DIABLOS ES ESTO, PERO, POR SU BIEN, ESPERO SE TRATE DE ALGO DIVERTIDO!
¿QUÉ OPINAN EN TU CASA DE CÓMO ANDAN LAS COSAS?
¡PÚF!
POR LO MENOS SON OPTIMISTAS, EN LA MÍA OPINAN QUE ¡PUAJ!
¡CLICK!

Joaquín Lavado nació el 17 de julio de 1932 en Mendoza (Argentina) en el seno de una familia de emigrantes andaluces. Descubrió su vocación como dibujante a los tres años. Por esas fechas ya lo empezaron a llamar **Quino**. En 1954 publica su primera página de chistes en el semanario bonaerense *Esto Es*. En 1964, su personaje Mafalda comienza a aparecer con regularidad en el semanario *Primera Plana*. El éxito de sus historietas le brinda la oportunidad de publicar en el diario nacional *El Mundo* y será el detonante del boom editorial que se extenderá por todos los países de lengua castellana. Tras la desaparición de *El Mundo* y un año de ausencia, Mafalda regresa a la prensa en 1968 gracias al semanario *Siete Días* y en 1970 llega a España de la mano de Esther Tusquets y de la editorial Lumen. En 1973, Mafalda y sus amigos se despiden para siempre de sus lectores. Lumen ha publicado los once tomos recopilatorios de viñetas de *Mafalda*, numerados de 0 a 10, y también en un único volumen —*Mafalda. Todas las tiras* (2011)—, así como las viñetas que permanecían inéditas y que integran junto con el resto el libro *Todo Mafalda*, publicado con ocasión del cincuenta aniversario del personaje. En 2018 vio la luz la recopilación en torno al feminismo *Mafalda. Femenino singular*; en 2019, *Mafalda. En esta familia no hay jefes*; en 2020, *El amor según Mafalda*; en 2021, *La filosofía de Mafalda* y en 2022, *Mafalda presidenta*. También han aparecido en Lumen los dieciséis libros de viñetas humorísticas del dibujante, entre los que destacan *Mundo Quino* (2008), *Quinoterapia* (2008), *Simplemente Quino* (2016), y el volumen recopilatorio *Esto no es todo* (2008).

Quino ha logrado tener una gran repercusión en todo el mundo, se han instalado esculturas de Mafalda en Buenos Aires, Oviedo y Mendoza, sus libros han sido traducidos a más de veinte lenguas y dialectos (los más recientes son el armenio, el búlgaro, el hebreo, el polaco y el guaraní), y ha sido galardonado con premios tan prestigiosos como el Príncipe de Asturias de Comunicación y Humanidades y el B'nai B'rith de Derechos Humanos. Quino murió en Mendoza el 30 de septiembre de 2020.

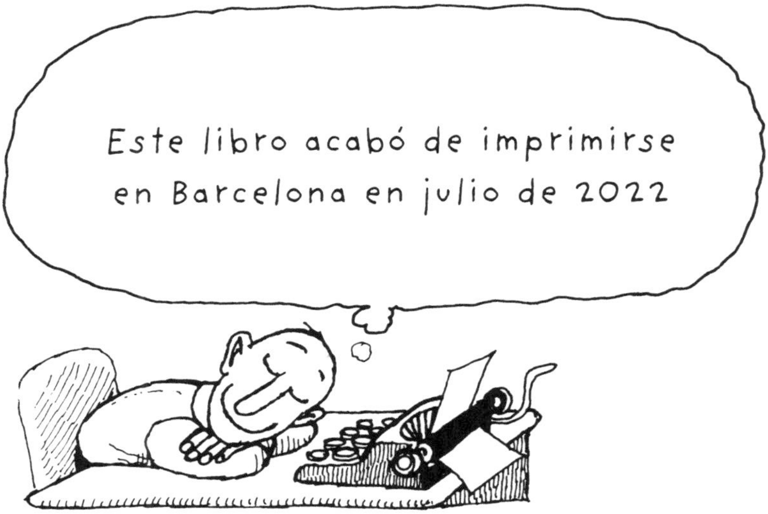
Este libro acabó de imprimirse
en Barcelona en julio de 2022